MIX
Aus verantwortungs-
vollen Quellen
FSC® C022120
www.fsc.org

ISBN 978-3-649-62605-3

Hafenweg 30, 48155 Münster, Germany
Textsatz: Internetlitho, Münster
Redaktion: Nina Sträter

www.coppenrath.de

Jugend ist aus, aber Prosecco wär noch da!

Mit Illustrationen
von Kerstin Hlawa

COPPENRATH

Inhalt

Amelie Fried

Sehnsucht nach dem wilden Leben

Wie ich meine Freundin Anja beneide! Anja kann nächtelang durchfeiern, sie trinkt, sie raucht, sie schläft wenig oder gar nicht – und ist am nächsten Morgen frisch und munter, während ich nach dem Genuss eines einzigen Glases Prosecco zwei Tage mit Migräne im Bett liege. Und Anja feiert nicht nur einmal im halben Jahr, sondern mindestens einmal pro Woche. Das ist doch ungerecht! Ich möchte, dass auch mein Leben ein Rausch ist! Ich möchte die Nächte durchtanzen, Grenzen überschreiten, die Kontrolle verlieren. Wofür bin ich denn erwachsen, wenn nicht dafür, all die Dummheiten zu machen, die ich meinen Kindern verbiete?

Nicht mal, als ich jung war, konnte ich die Sau rauslassen. Von Alkohol bekam ich auch damals schon Kopfschmerzen, vom Rauchen wurde mir schlecht, vom Kiffen will ich gar nicht reden. Stärkere Rauschmittel verboten sich daher von selbst, und so lebte ich schon als Zwanzigjährige wie eine evangelische Religionslehrerin. Na gut, ich kannte ein paar mehr Jungs. Der Rausch der Verliebtheit hatte den Vorteil, keinen Kopfschmerz zu verursachen, dafür Seelenschmerz. Das hielt mich nicht davon ab, mich häufig (und häufig unglücklich) zu verlieben.

Aber was mache ich jetzt, als verheiratete Frau von fünfzig Jahren? Alkohol fällt immer noch aus – wenn ich früher nach zwei Gläsern Wein unterm Tisch lag, genügt heute eines. Rauchen schmeckt mir nicht mehr. Kiffen, in meinem Alter? Meine Kinder sollen sich ja nicht für mich schämen. Und mit dem Rausch der Verliebtheit ist es so eine Sache. Es ist ja nicht so, dass die Bewerber bei fünfzigjährigen Frauen Schlange stünden (das würde mein Mann sich auch verbitten). Aber soll ich vielleicht auf der Straße Männern hinterherpfeifen, um Aufmerksamkeit zu erregen? Man stelle sich nur vor, ich würde tatsächlich einen kennenlernen – was würde ich mit ihm anfangen? Man kommt ja in 18 Jahren Ehe ein bisschen aus der Übung beim Flirten. Und würden Sie sich vor einem fremden Mann ausziehen wollen? Ich nicht.

Das Rausch-Ersatzmittel Shoppen wirkt bei mir nicht. Spätestens während ich den Kreditkartenbeleg unterschreibe, ist das Hochgefühl vergangen und macht einer Ernüchterung Platz, die in keinem Verhältnis zum Genuss des Einkaufens steht. Religiöse Ekstase ist auch nicht mein Ding.

Also, woran könnte ich mich denn nur berauschen??? Ich bitte um Ihre Vorschläge, liebe Leserinnen! Ist Ihnen ein legales, nur mäßig gesundheitsschädliches Rauschmittel bekannt, von dessen Genuss man keine Kopfschmerzen kriegt und nicht am nächsten Morgen zehn Jahre älter aussieht, als man ist?
Was sagen Sie? SEX? Mit dem eigenen Mann? Sie bringen mich vielleicht auf Ideen ...

Judith Pinnow

40 werden

Ich kann Ihnen natürlich mein Alter nicht verraten – ich bin eine Frau. Ich bin so Anfang, Mitte, Ende 30. Eine Frau in den besten Jahren. Eigentlich genau wie meine Mutter. Die ist „um die 60". In den besten Jahren also, sagt sie.

Die besten Jahre beginnen etwa Mitte 20 und werden dann ein Leben lang nach hinten raus verlängert.

Es ist alles eine Frage der Perspektive. Wenn ich von einem „jungen Mann" spreche, dann ist er unter 30. Wenn meine Eltern von einem „jungen Mann" sprechen, meinen sie jemand unter 50. Und die jungen Männer meiner Tochter sind 15. Das Alter ist eine ganz seltsame Sache.

Man altert ja immer an seinem Geburtstag. Ganz plötzlich ist man ein Jahr älter. Gestern noch 29 und, zack, am nächsten Tag 30.

Meine Kinder lieben das. Endlich, endlich sind sie 4 oder 7 oder 10 Jahre alt.

Schon im Februar möchte meine Mittlere wissen, wie viel Mal sie noch schlafen muss, bis sie Geburtstag hat.

Der ist erst im November und so weit kann ich ohne Taschenrechner gar nicht rechnen. „252-mal noch schlafen, Nelly“, sagt die große Schwester.
„Und wie lange noch bis zu deinem Geburtstag?“, frage ich.
„271-mal!“, strahlt sie.
Wie viel Mal darf ich noch schlafen, bis ich 40 werde, denke ich frustriert und rechne heimlich. Es ist eine Zahl über 700, was irgendwie ein bisschen beruhigend ist.

Noch über 700 Tage, an denen junge Männer unter 30 sind. Ich denke, dann werde ich die Grenze anheben müssen. Ansonsten bin ich selbst ja entsetzlich viel älter als jung.

Ich habe Geburtstage immer geliebt. Früher habe ich genau wie meine Kinder Abreißkalender gebastelt, Monate, Wochen und Tage gezählt. Jedes zusätzliche Jahr war willkommen. Immer kam ich irgendetwas Schönem ein Stück näher. Endlich 16, endlich, endlich 18 werden. Juchhuu, ich darf Auto fahren! Was habe ich gefeiert!

Und jetzt? Seufzend fragen meine Freundinnen und ich uns gegenseitig, wann es denn bei uns „so weit" ist. Die nächste magische Grenze steht an. Die 40, die uns unwiederbringlich und endgültig von dem Wort „jung" trennen wird. Vielleicht sollte man für alles Altersgrenzen einführen. Einfach damit man sich auf etwas freuen kann. Ab sofort kann man Lebkuchen nur noch ab 42 Jahren kaufen. Schokolade erst mit 30. Ab 46 darf man auch bei Rot über die Straße gehen, man hat ja generell auch nicht mehr so viel Lebenszeit übrig – die kann man dann auf keinen Fall an roten Ampeln vertrödeln.

Ab 50 kann man sich ein Cabrio kaufen – vorher hat doch sowieso keiner Geld dafür. Schönheits-OPs gibt

es nur noch ab 60, das würde ’ne Menge Geld sparen. Und dann lohnt es sich wenigstens richtig!!!
Dann könnte man ganz neu rechnen: Noch 7.850-mal schlafen, bis ich einen neuen Busen bekomme!
Nein, also das klingt gruselig …
Aber ich muss das irgendwie in den Griff kriegen, diese Geburtstagslustlosigkeit. Ich mach das beim nächsten Geburtstag wie meine Kinder. Schreibe bunte Kärtchen und lade ein zum Feengeburtstag. Alle meine Freundinnen kommen dann gegen 15 Uhr im Feenkostüm und wir essen winzige rosafarbene Muffins mit Glitzerstaub drauf und spielen anschließend Stopp-Tanzen. Beim Topfschlagen werde ich verlieren, aber bei der Reise nach Jerusalem bin ich unschlagbar und gewinne eine Gummischlange. Abends gibt es dann noch Pizza, und schließlich werden alle um 19 Uhr von ihren Eltern abgeholt, die glücklicherweise „um die 60“ sind und der „jungen Frau“, also mir, gratulieren. Und vielleicht, vielleicht schenkt mir ja jemand einen Zauberstab. Damit zauber ich mir dann jedes Jahr 365 neue Tage, an denen ich noch nicht 40 werde!

Barbara Dribbusch

Konzeptfeten:
Die Wiederkehr des Kindergeburtstages

Feste feiern, Party machen: Das wird auch anders in der zweiten Halbzeit des Lebens. Ich gehe gern auf Feten, aber ich bin schon immer froh, wenn ich im Menschengewühl jemanden kenne. Jemand anderen als den eigenen Ehemann, mit dem ich hergekommen bin, oder die beste Freundin, die ich auch sonst öfter treffe, oder den Kollegen, der mir sowieso schon das ganze Jahr gegenübersitzt. Und ich bin erleichtert, wenn ich jemandem begegne, der sich gerne mit mir unterhält. Man will sich schließlich nicht aufdrängen – eine Sorge, die ich als 20-Jährige nicht hatte.

Lange vorbei sind die Zeiten, wo man sich bei der Kontaktanbahnung auf den allseits vorhandenen hormonellen Überschwang verlassen konnte und auf eine Sozialstruktur, in der mindestens 40 Prozent der Partygäste Singles waren. Damals reichte es noch, wenn man irgendwas mitbrachte, und sei es nur Tsatsiki mit reichlich Knoblauch, der eigentlich jede nähere Kontaktanbahnung erschwerte. Aber das war egal.

Wir glaubten damals an das Gerücht, dass Feten spontan ablaufen müssten, alles sollte möglich sein, jeder Tanz-Stil, freie Themenwahl, bloß keine Regeln. Das kann man sich nur einbilden, wenn in Wirklichkeit die Regeln knallhart feststehen, und man auf diesen Feten das Terrain blitzschnell sondierte. Um dann gegenüber dem Typen, der einen zu Beginn schon so nett angelächelt hat, zu erklären, man kenne eher wenig Leute hier, das Publikum sei schon etwas merkwürdig und die Musik könnte besser sein.
Alles tat man, um seine Individualität zu betonen und einen Hauch von Exklusivität zu verbreiten in der Lebensphase einer möglichen Partnergewinnung. Sich bloß nicht gemein machen. Die Begegnung Auge in Auge, Hormon gegen Hormon – das war es, was zählte. Gruppe, Gemeinschaft, Masse: Auf Partys war dies damals das Letzte, die niedrige Existenzform.
Wie sich die Zeiten ändern. Das wurde mir mal wieder klar am 60. Geburtstag von Werner Lodenbaum.
Christoph, Britt und ich waren hinausgefahren nach Werder zum Landhaus der Lodenbaums. Sie haben es mithilfe osteuropäischer Schwarzarbeiter restaurieren lassen und weihten es nun mit dem Geburtstagsfest ein. Am Hauseingang des mit viel Holz renovierten Baus verteilte Lodenbaums jüngste Tochter Schilder mit

Klebebändern, auf die wir unsere Namen schreiben sollten. Ob Vor- und Zuname oder nur den Vornamen, bleibt uns überlassen. Außerdem bekommt jeder der Gäste einen farbigen Punkt aus buntem Klebepapier, wahlweise in den Farben Rot, Grün, Blau oder Gelb, den wir auf unsere Kleidung heften sollten. „Ich hab's geahnt", raunt mir Christoph zu. „Das wird eine Konzeptfete."

Konzeptfeten! Das ist der Trend der späten Jahre. Die Konzeptfete verspricht, Kommunikationsprobleme zu lösen in einer Lebensphase, in der wir hormonell tiefergelegt sind und nicht mehr damit zu rechnen ist, dass die meisten Gäste tanzwütige Singles sind. Auf eine spontan einsetzende Kennenlernlust mit Fremden können wir ab 50 weniger hoffen. Das zeigt sich zu größeren Anlässen oder runden Geburtstagen, wenn manche der Gäste weite Reisen auf sich genommen haben, um dann den Jubilar mit dutzenden anderer Eingeladener teilen zu müssen.

Oft haben die Freunde und Bekannten nicht viel miteinander zu tun, außer dass sie zufällig alle das Geburtstagskind kennen und aus diesem Grund an diesem Abend in diesem Haus zusammenkommen. Oder die Gäste hatten zwar schon miteinander zu tun, können aber nicht gut miteinander.

Die Fragmentierung des Freundeskreises

Auch meine Geburtstagspartys wurden immer komplizierter, erschwert noch durch die Tatsache, dass meine Bekannten völlig unterschiedliche Lebenswege hinter sich haben und sich wahrscheinlich nie begegnet wären, hätte ich meine Jahrestage nur in Form von Fahrradtouren mit Christoph und den Kindern gefeiert. Aber man will sich am Geburtstag selbst beweisen, dass man von lieben Menschen umgeben ist. Und die sollen dann möglichst alle auf einmal kommen.

Obwohl es mit meinem Jugendfreund Robby immer ein Problem ist. Meinen 40. Geburtstag hätte er fast ruiniert. Er hatte schon einiges getrunken und drehte sich dann noch einen dicken Joint. Zugekifft quatschte er die Gäste voll mit seiner Theorie vom gescheiterten Kapitalismus. Schließlich griff er zur Gitarre und spielte einen Blues. Die Gäste verließen nacheinander den Raum und dann die Fete.

Der Blues passte zu ihm, denn Robby ist einer, den viele wohl als Loser bezeichnen würden. Lange Phasen der Arbeitslosigkeit. Zweimal Trennung von einer Langzeitpartnerin. Sogar einen Aufenthalt in einer Suchtklinik hat Robby hinter sich.

Robby kennt sich aus mit Beschäftigungsmaßnahmen im Jobcenter, gibt heute Gitarrenunterricht und ist

nach wie vor ein guter Musiker. Doch er fängt immer noch jeden Witz mit der Pointe an und hat einen Hang zum Monolog. Klar könnte ich Robby einfach nicht mehr einladen, ihn ausrangieren wie eine aus der Mode gekommene Winterjacke. Will ich aber nicht.
Ich werde ihm nie vergessen, wie er mich vor drei Jahrzehnten bei sich aufgenommen hat, nach der Trennung von Rick, und mich absichtslos einige Wochen auf seinem grünen Sperrmüllsofa schlafen ließ. Von da an gingen wir manchmal gemeinsam in Konzerte. Robby kennt das Datum meines Geburtstages genau. Ich könnte es nicht verkraften, wenn er mir nur noch telefonisch gratulieren und im Hintergrund dann Partylärm bei mir hören würde.
Also Robby muss sein. Er ist nur ein Beispiel dafür, wie sich in drei Jahrzehnten mein Bekanntenkreis aufgespalten hat. Es gibt die Nichtkiffer und Nichttrinker und die Immer-noch-Kiffer und Alkoholfreudigen. Leute mit nagelneuen, teuren Eigentumswohnungen und solche, die ohne Geschirrspülmaschine in Altbauküchen sitzen und eine Luxussanierung des Vermieters fürchten. Jene, die im öffentlichen Dienst verbeamtet sind und auf das Misstrauen derer treffen, die sich als Unternehmer hochgearbeitet haben und alle Beamten für Ärmelschoner halten. Ganz zu schweigen

von den Abgründen, die klaffen zwischen jenen, die ständig am Networken sind und jeden zum Lachen bringen können, und solchen, die in der Ecke stehen, sich am Weinglas festhalten und nur ängstlich herumgucken.

„Schau mal, Edith und Reiner sind auch gekommen", holt mich Christoph aus meinen Erinnerungen. „Ist ihre Scheidung eigentlich durch?" Das hoch aufgeschossene Psychologenpaar, das uns vor einiger Zeit noch vom gemeinsamen Tanzkurs vorschwärmte, ist zu Lodenbaums 60. Geburtstag erschienen. Aber getrennt, wie mir scheint. Sehr getrennt. „Meinst du, die Rothaarige neben Reiner ist seine neue Flamme?", flüstere ich Christoph zu. Vielleicht sieht Edith die Trennung inzwischen ja entspannt. Vielleicht aber auch nicht.

Es gibt im Alter viele Gründe, warum man auf einer Geburtstagsfete nicht mit bestimmten Gästen reden will, nicht nur eine Scheidung. Auf meinen Feiern zum Beispiel würde sich Theresas Mann Günther, Abteilungsleiter, zwar mit Robby unterhalten, aber nur aus Höflichkeit, denn Günther kann nicht nachvollziehen, warum Leute von Hartz IV leben. Meine Freundin Theresa, Gymnasiallehrerin, wiederum hat ihre Probleme mit Suses Mann Jürgen, der als selbstständiger

Architekt der Meinung ist, im öffentlichen Dienst gebe es immer noch zu viel Freizeit und speziell die Lehrer jammerten völlig zu Unrecht.
Und dann Rick: Mein Ex-Ex-Lover ist im Rentenalter, aber noch an Filmprojekten im Fernsehen beteiligt, zumal es mit seinem Ruhegeld nicht weit her ist. Rick schwadroniert auf Partys gerne über das verrottete deutsche Fernsehen, aber am liebsten nur mit Frauen unter 45 Jahren. Suse verabscheut solche Männer.
Mit Suse wiederum würde meine Nachbarin Edith nicht so gern plaudern, denn sie hält Suse für eine blasierte Werbetussi und weiß nichts von ihrem Blog. Suse würde Edith auch nichts von ihrem Blog erzählen, denn wer hinter dem Pseudonym „Bad Girl“ steckt, das wissen nur Jürgen, Britt, Theresa, Christoph und ich. Suse bleibt lieber anonym. Auf Partys aber muss man sich irgendwie bekannt machen. Seine Persönlichkeit ausdrücken.

Facebook für ältere Partygänger

Um seine Persönlichkeit auszudrücken, hat Winfried heute Abend eine Trachtenjacke an. Weiß der Geier, wo er das Stück erstanden hat. Winnie heftet sich das beschriftete Namensschild und einen grünen Punkt ans Revers. „Schade eigentlich, dass wir nicht gleich

auch noch ein paar Flyer mit unseren persönlichen Daten verteilen können", meint er. „Das wäre doch eine Superidee, um neue Leute kennenzulernen."
Sein Vorschlag hat was. So eine Art Facebook in Papierform für Partygänger in den späten Jahren könnte die Kommunikation in Schwung bringen. Jeder füllt am Eingang einen Bogen aus, der dann mit dem Tischkopierer vervielfältigt und an die Gäste weitergereicht wird. Darauf stehen Name, Beruf, Hobby und beliebte Gesprächsthemen, über die wir sofort und gerne mit jedem Partygast reden würden. Vielleicht fügen wir noch eine Personenbeschreibung oder ein Sofortbild hinzu, denn die Bogen müssen sich ja den Partygästen zuordnen lassen.
Jeder der Eingeladenen könnte sich dann mit den Blättern in eine Ecke setzen und diese sortieren. Entdeckte ich auf einem der Bogen beispielsweise, dass irgendjemand als Gesprächsthema angegeben hat: „Fahrradtouren, z. B. Ostseeradweg", hätte ich ihn oder sie an diesem Abend angesprochen. Christoph und ich planen nämlich eine Woche Urlaub am Meer und ich hätte gern gewusst, ob man auf dem Ostseeradweg das Meer sieht oder nur hinter Dünen und neben Straßen radelt. Die Bogen würden mehr Möglichkeiten zum Gespräch eröffnen als das klassische Vorstellen. Das kann näm-

lich auch schiefgehen. Ich weiß noch, wie ich Winnie mit der esoterisch interessierten Lise bekannt gemacht habe, in der Hoffnung, hier vielleicht sogar als Kupplerin fungieren zu können. Leider stellte sich bald heraus, dass Winnie trotz seiner Trekkingerfahrung die östliche Medizin hasst, weil ihm in Indien mal ein wohlmeinender ayurvedischer Arzt eine Brechkur verabreicht hat. New Age und Globetrotter – das geht nicht unbedingt zusammen.

Es geht leider so manches nicht zusammen in späten Jahren. Gastgeber versuchen das Problem häufig dadurch zu lösen, dass sie auf das offizielle Vorstellen weitgehend verzichten. Das ist die Flucht nach hinten. Es muss andere Möglichkeiten geben, sich auch mit Leuten zusammenzufinden, die man kaum kennt.

Lieber Aktivparty als Erlebnisgastronomie

Genau hier setzt die Idee der Konzeptfete an: Durch besondere Aktivitäten soll ein Gemeinschaftsgefühl geschaffen werden. Für diesen Abend zumindest.

Unter „Konzeptfete“ darf man nicht das gastronomische Aufrüsten verstehen. Wer glaubt, mit einem Büfett zu mediterranen Themen, das von weiß beschürztem Personal aufgebaut und betreut wird, schon für Kommunikation unter den Gästen gesorgt zu haben, der liegt falsch. Denn was macht man, wenn das Büfett verputzt ist? Wenn Sätze wie: „Das Vorspeisenensemble ist ungewöhnlich gut gelungen. Von wo lässt der Gastgeber anliefern?", schon mehrmals gesagt wurden?

Da hilft dann auch leibhaftige Erlebnisgastronomie nicht, etwa wenn der original österreichische Koch im Wohnzimmer vor den Augen der Gäste Kaiserschmarren bäckt. Das liefert zwar kurzfristig ein Gesprächsthema unter Fremden: „Lecker. Ist das Zwetschgenmus aus Österreich importiert?" Doch Stimmung kommt so noch nicht auf.

Zur „Konzeptfete" zählt auch nicht die originelle Auswahl des Veranstaltungsortes. Das Chartern von holzgetäfelten Ausflugsschiffen, in denen man in Berlin über die Kanäle schippert, während ein angeheuerter Guide das vorbeiziehende Regierungsviertel kommentiert, ist zwar beliebt. Es bedeutet aber für die Gäste, mehrstündige Nähe auf dem Schiff ertragen zu müssen, ohne sich vorzeitig verdrücken zu können.

Eine Konzeptfete ist eine Aktivparty, die ähnlich dem Aktivurlaub dem Gast einiges abverlangt. Es ist gewissermaßen die Rückkehr des organisierten Kindergeburtstages im Alter, nur ohne „Blindekuh" und Topfschlagen. Die echte Konzeptfete ist immer ein Risiko. Und das ist das Spannende daran.

Im großen Kaminzimmer bei Lodenbaums bauen jetzt drei Leute, Musiker aus Werners Jugendband, ihre Instrumente auf. Gitarre, Bass und Schlagzeug. Auf einem Tisch liegen ein paar Dutzend kopierte DIN-A4-Blätter. „Griechischer Wein", liest Christoph mit ehrlicher Überraschung in der Stimme auf einem Blatt. „Das ist doch ein Udo-Jürgens-Schlager." Auf den Blättern kleben – wie auch auf unseren Klamotten – bunte Punkte, rote, blaue, grüne. Mir schwant etwas. Ich habe schon einiges hinter mir an Konzeptfeten. Körperlich anstrengend war zum Beispiel Theresas 50. Jahrestag. Wir radelten nacheinander in drei Grup-

pen in einer Art Schnitzeljagd durch den verregneten märkischen Kiefernwald, mussten mehrere Zwischenstationen finden und dort zum Beweis selbst gebastelte Plaketten aus versteckten Plastikboxen abholen. Alles old-fashioned, also ohne GPS oder irgendwelche Geotechnik. Meine laminierte Regenjacke bestand an diesem Tag den Produkttest. Am Ende bekamen wir alle Urkunden und Spanferkel am Spieß. Der Tag weckte bei mir lebhafte Erinnerungen an die Schatzsuchen meiner Kindheit.

Nervlich herausfordernd war Jürgens letzter Geburtstag. Anlässlich des Ehrentages von Suses Mann stiegen zwölf mehr oder weniger höhentaugliche Menschen in windige Ballongondeln. Man fährt dabei wie in einem Schiff über die Baumwipfel. Der Ballonführer erzählte aus seinem aufregenden Ballonfahrerleben und verschwieg dabei auch nicht die kleine Schlägerei, die er mit einem Gast hatte, als dieser in 100 Metern Höhe in Panik geriet. Ich machte während der Ballontour Atemübungen und zählte gegen mein Unbehagen von 400 in Siebener-Schritten rückwärts.

Auf ganz andere Weise riskant war das „Märchenfigurenraten", zu dem meine früheren Studienfreunde Silke und Pit an Pits 55. Geburtstag geladen hatten. Den Teilnehmern wurde ein Schild mit dem Bild und dem

Namen einer Märchenfigur auf den Rücken gepappt, alle konnten es lesen, nur der oder die Trägerin nicht. Damit auch niemand schummelte, hatte Silke die Spiegel in der Wohnung zugehängt. So liefen die Gäste mit Schildern wie „Rotkäppchen“, „böser Wolf“ und „Schneewittchen“ auf dem Rücken durch die Gegend, Sektgläser in den Händen. Sie mussten ihre Figur erraten, indem sie den anderen Partygängern einkreisende Fragen zu ihrer Figur stellten, die diese aber nur mit Ja oder Nein beantworten durften. Doch einige Gäste zeigten wenig Engagement und ließen sich ihre Figuren von anderen flüsternd verraten. Stimmung kam so nicht auf.

Beim Märchenfigurenraten zeigte sich ein Problem der Konzeptfete: Sie darf nicht zu anspruchsvoll sein. Sie sollte „niedrigschwellig“ sein wie ein Sozialprojekt für benachteiligte Jugendliche und muss auch Passivität seitens des Gastes erlauben. Zu viel Aufwand, zu viel Zwang – das macht keinen Spaß.

Lodenbaums Party verspricht unkomplizierter zu werden. Werner eröffnet jetzt das Büfett. Es gibt sogleich eine Schlange, denn zu einem gelungenen Fest gehört das Anstehen zum Essen wie in einem Hungerwinter. Auf dem Weg zum Büfett komme ich an dem großen Gabentisch vorbei.

Ein Tarnanzug für Wildschweine

Auf dem Gabentisch liegen die Geschenke für den Jubilar. Lodenbaum ist seit zwei Jahren Hobbyjäger, und ich erblicke einen nagelneuen, gefalteten Jagdanzug. Die Blätter sind so lebensnah auf den Stoff gedruckt, dass es aussieht, als handele es sich um echtes Blattwerk. Modell „3-D-Supertree“ steht drauf. Ein irres Outfit. „Halten die Wildschweine den Träger damit wirklich für ein Gebüsch?“, frage ich einen grauhaarigen Gast in Trachtenjacke, den ich als Jäger verorte. Offenbar ein Vereinskamerad von Lodenbaum. Er mustert gleichfalls den neuen Tarnanzug.

„Das klappt nur dann, wenn man auch sein Gesicht und die Hände dunkel bekleidet oder anmalt“, erklärt mir der Herr. „Sonst erkennt das Wild sofort, dass da ein Mensch dahintersteckt.“ Das ist Tarnung wie im Kriegsgebiet. „Aber in Berlin laufen die Wildschweine in den Straßen rum, ganz frei und sorglos, obwohl da niemand einen Tarnanzug trägt“, entgegne ich. „Sind die blind oder besonders mutig?“ „Kommt drauf an, ob die Wildschweine gejagt werden“, meint der Herr. „In den Straßen werden sie ja nicht geschossen.“

Die Logik leuchtet mir nicht ein, aber ich bin dankbar für den Smalltalk über die Wildschweinjagd. Ungewöhnliche Hobbys, die einen Anknüpfungspunkt bieten, sind ein Geschenk für jeden Partygänger. Denn sie bewahren uns vor der Sprachlosigkeit und der voreiligen Einteilung der Gäste in Winner und Loser, in schön und weniger schön, in interessante und weniger interessante Gesprächspartner.

Wie erleichternd fand ich neulich bei F.s Party, dass der Gastgeber ein Aquarium im Wohnzimmer stehen hatte. Ein klasse Anknüpfungspunkt! Von einem der Eingeladenen, einem stämmigen Endfünfziger aus dem Bauwesen, der als Hobby auch die Aquaristik pflegt, erfuhr ich auf meine Fragen dann einiges über den Reiz eines „Südamerikabeckens". Und dass sich dort Kakaduzwergbuntbarsche mit dem marmorierten Beilbauch gut vertragen, allerdings Guppys ein Problem sein könnten, weil die von den Beilbäuchen gefressen werden. Was aber nicht nur schlecht ist, denn so hält man den Guppy-Nachwuchs übersichtlich.

In Lodenbaums Kaminzimmer stimmen die Musiker jetzt über Kopfhörer ihre Instrumente. Einer der eingeladenen Jäger bläst ins Horn. Lodenbaum ergreift das Wort und erklärt: „Wir machen Hausmusik aus unserer Jugend." Die Gruppen sollen sich nacheinander aufstellen und zur Musik der Band die Texte absingen, auf Wunsch auch abgrölen. Die unabhängige Jury entscheide dann, welche Gruppe sich am meisten ins Zeug gelegt habe.

Es gibt vier unterschiedliche Liedersets. Jeder Gast aus den vier Farbengruppen bekommt drei gleichfarbige Blätter mit Liedtexten in die Hand. Jedes Set enthält einen bekannten Udo-Jürgens-Schlager, einen Beatles-Song und einen weiteren Hit aus den 60er- oder 70er-Jahren. Ich erkenne „Satisfaction", aber auch „It's a Heartache" auf den Blättern.

Das Wildschwein mit Preiselbeergelee ruht friedlich in meinem Magen, der Wein zirkuliert im Blut – eine gute Grundlage für kommende Herausforderungen.

Vereint im kollektiven Schlagergedächtnis

Ich halte meine blau gepunkteten Liedtexte in der Hand, meine Gruppe fängt an: „Griechischer Wein ist so rot wie das Blut der Erde" – dabei schwenke ich mit einem gewissen Showtalent mein drittes Glas Rotwein –, „komm, schenk dir ein, und wenn ich dann traurig werde, liegt es daran, dass ich immer träume von daheim, du musst verzeihn." Hat er seine Texte eigentlich selbst geschrieben? Das Lied können wir erstaunlich lebhaft nachsingen. Ich fand Udo Jürgens früher furchtbar, doch die Melodien sind offenbar in unserem kollektiven Schlagergedächtnis gespeichert.

Der Gitarrist verspielt sich ein paarmal, doch das passt irgendwie. Christoph singt nach uns in der roten Gruppe: „I can't get no satisfaction, 'cause I try and I try and I try. I can't get no, I can't get no, no satisfaction!" So kenne ich meinen Mann eigentlich nicht, diese punktgenauen Hüpfer in die Luft bei „Satisfaction", nicht schlecht! Dabei trinkt er gar nichts heute Abend, denn Christoph hat vorhin beim Knobeln verloren und muss uns deshalb nach Hause chauffieren.

Ich sehe, dass auch Edith in Schwung kommt und mit ihren Liedtexten wedelt. Vielleicht ist die Rothaarige, die vorhin mit Reiner sprach, gar nicht dessen neue Lebensgefährtin. Edith gehört wie Britt zur grünen Gruppe. Sie singen den Udo-Jürgens-Song „Aber bitte mit Sahne", das Lied über die alten Damen in der Konditorei, dessen Text ich zum ersten Mal bewusst höre: „Doch auch mit Liliane war es schließlich vorbei, sie kippte vom Stuhl in der Konditorei. Auf dem Sarg gab's statt Kränze verzuckerte Torten und der Pfarrer begrub sie mit rührenden Worten. Dass der Herrgott den Weg in den Himmel ihr bahne – aber bitte mit Sahne!" Britt schleckt sich beim sahnigen Refrain theatralisch über die Lippen.

Singen macht Spaß. Hat die Glücksforschung bestätigt. Gibt es eigentlich einen Grund, auf den Gruppengesang

herabzuschauen wie früher auf Männergesangvereine? Eben. Diese Konzeptidee ist einfach und gut und passt – im Unterschied zu komplexen Ratespielen – auch zu einem gehobenen Alkoholpegel.
Winnie lässt seinen kräftigen Bariton vernehmen. Er gehört zu den Gelben. „Doing the garden, digging the weeds, who could ask for more? Will you still need me, will you still feed me, when I'm sixty-four?" Was Paul McCartney in diesem Lied als die Langeweile des Alters besang, klingt in meinen Ohren nicht mehr schrecklich. Nichts gegen Gartenarbeit. So ändern sich die Blickwinkel.
Beim Sängerwettstreit gibt es keine Gewinner, stellt sich am Ende heraus. War nur ein Trick vom Gastgeber, um uns zusammenzubringen. „Ihr wart alle toll!", lobt Werner Lodenbaum, als wir erschöpft auf die Stühle gesunken sind. Eine halbe Stunde später ist die Tanzfläche voll und die Stimmung tobt.
„Superlustig, diese Fete", sagt Christoph, als er uns Stunden später nach Hause fährt. „Gutes Konzept. Hätte ich vorher nicht gedacht." Ich summe „Griechischer Wein" vor mich hin, ganz unwillkürlich. „Diese Party setzt Maßstäbe", stellt Britt fest.
Demnächst ist mein Geburtstag dran. Vielleicht sollte ich auch was Neues machen. Eine Wanderung mit einem

Ornithologen. Der erklärt uns die Vogelstimmen, und dann müssen wir die Stimmen zuordnen. Oder wir machen eine Wanderung mit Retropicknick und Gesang. Am Zielpunkt warten Fanta und Brötchen wie aus unserer Kindheit: Fleischwurst, Leberwurst, Blutwurst. Vegetarier kriegen Schmelzkäsebrötchen. Na ja, sicherheitshalber nehme ich noch ein paar Flaschen Sekt mit. Robby mit seiner Gitarre kommt auch. Am Ende singen wir „Light my fire". Aber nur wer will. „Wandern und Singen", sage ich zu Britt und Christoph, „das könnte auch eine gute Kombination sein." Man muss was wagen in der zweiten Halbzeit.

Gitta Edelmann

Wechseljahre

Der Koffer rammt mich schwungvoll in die Hacken. „Au!“, entfährt es mir. Ich habe zwar gesehen, dass ein energisch wirkender junger Mann mit einem schwarzen Metallkoffer direkt hinter mir eingestiegen ist, aber natürlich nicht damit gerechnet, dass er auf das Stauende, sprich mich, auffahren würde. Ich drehe mich um und funkle ihn wütend an, doch selbst das scheint ihn nicht zu einer Entschuldigung zu motivieren, da wohl gerade etwas Weltbewegendes auf seinem Handydisplay zu sehen ist.

„Komm endlich!“, ruft Birgit von weiter vorne. „Hier sind unsere Plätze!“ Sie bemüht sich, ihren Koffer in die Gepäckablage zu stemmen, doch der erste Anlauf misslingt. Von der anderen Seite des Gangs springt ein Mann auf. „Warten Sie, ich helfe Ihnen!“, verkündet er und tritt ebenfalls in den verstopften Mittelgang.

Er hievt Birgits Koffer in die Ablage. Gleich geht es weiter. Doch zuerst dreht sich Birgit nach mir um und ruft: „Susi, du hast ja nichts dagegen, dass ich den Fensterplatz nehme, oder?“

Ich schüttle den Kopf und rolle die Augen. Ich hasse es, wenn sie mich Susi nennt. Schließlich bin ich nun wirklich kein Teenager mehr.
Birgit rutscht in das Tischabteil und endlich kommt wieder Leben in die Schlange. Ich erreiche meinen Platz, stelle die Reisetasche auf den Tisch und setze mich schnell. Wie erhofft, eilt der Mann mit dem schwarzen Metallkoffer an mir vorbei, ohne mich erneut zu gefährden. Ich warte, bis alle Reisenden ihre Plätze gefunden haben, dann stehe ich noch einmal auf und verstaue meine Tasche in der Gepäckablage.
„Ziemlich voll hier!“, bemerkt Birgit und wirft einen Blick auf die beiden Frauen, die uns gegenübersitzen. Die jüngere auf dem Fensterplatz schläft fest, den Mund leicht geöffnet. Die ältere, die eher in unserem Alter ist und einen grau melierten Kurzhaarschnitt trägt, blickt von ihrem Reader auf und lächelt.
„Es geht“, sagt sie, „die Fußballfans sind immerhin schon vorhin in Köln ausgestiegen.“
Die Schaffnerin verkündet durch die Lautsprecheranlage, dass der Zug nun zehn Minuten Verspätung habe. Einen Grund nennt sie nicht, erklärt nur, dass wir über Anschlusszüge rechtzeitig informiert werden. Nun, wir haben nachher zwanzig Minuten zum Umsteigen

und bis dahin sind es noch fast zwei Stunden. Vielleicht holen wir die Zeit auf? Ja, im Grunde meines Herzens bin ich Optimistin.

Ich lehne den Kopf an die Kopfstütze und schließe einen Moment lang die Augen. Das tut gut! Der Morgen ist einfach zu hektisch gewesen, ausgerechnet heute habe ich fast verschlafen.

„Was ist los?“ Birgits Stimme durchdringt den Schleier, der mich zu umhüllen beginnt.

„Nichts, ich bin nur müde. Ich habe wieder mal schlecht geschlafen."
Meine Freundin nickt wissend. „Das liegt an den Wechseljahren", sagt sie. „Ich liege nachts auch immer stundenlang wach."
„Die Fahrscheine, bitte", höre ich die Schaffnerin zwei Sekunden später hinter mir sagen. Wir kramen nach unseren Tickets und Karten, bekommen einen Zangenabdruck und packen alles wieder ein.
Ich versuche noch einmal, meine Augen zu schließen und mich zu entspannen, doch es soll nicht sein.
„Kaffee, Cappuccino? Kaffee, Cappuccino?!" Der junge Mann aus dem Speisewagen balanciert sein Tablett voller Plastikbecher durch den Waggon. Nur wenige interessieren sich für seine heißen Getränke. Der Mann von der anderen Seite des Gangs, der Birgit vorhin mit dem Koffer geholfen hat, zum Beispiel.
„Möchte jemand lieber grünen Tee?" Birgit zieht eine Thermoskanne aus ihrer großen Handtasche. „In unserem Alter ist das viel gesünder."
Ich schüttle den Kopf und versuche es ein letztes Mal. Kopf anlehnen, Augen zu, entspannen.
„Möchtest du was essen?", fragt Birgit mich.
Okay, dann eben nicht.
Ich setze mich wieder aufrecht hin und sage: „Nein

danke, meine Hosen sind derzeit ein bisschen eng."
„Da kannst du gar nichts machen", erklärt Birgit, „das sind die Wechseljahre!"
Sie greift erneut in ihre Handtasche und holt eine Packung Lebkuchenherzen heraus. Es sind die mit der Orangenfüllung und ich überlege, ob ich meine Entscheidung nicht revidieren soll. Doch da ich schon heimlich unter dem Pullover den Knopf der Jeans geöffnet habe, entschließe ich mich, stark zu bleiben.
„Möchten Sie eins?" Birgit reicht die Packung über den Tisch und bietet unserer Reisegefährtin die Herzen an. Die schlafende junge Frau wird von ihr ignoriert. Ich beneide sie.
Die Frau gegenüber sieht von ihrem Reader auf und lächelt, schüttelt aber den Kopf. „Danke, nein."
„Gib mal rüber", befiehlt Birgit und deutet mit dem Kinn auf die andere Seite des Ganges. Ich zögere, doch Birgit stößt mich mit ihrem Ellbogen in die Seite und so räuspere ich mich und strecke die Lebkuchen über den Gang.
„Möchten Sie auch?", frage ich.
„Oh, gerne." Die Frau mit den beiden auf ihre Handys starrenden halbwüchsigen Söhnen greift sich gleich die ganze Packung. Der Mann grinst und unsere Blicke treffen sich kurz.

In diesem Moment steigt eine heiße Woge aus dem Brustbereich auf, erklimmt meine Schultern und füllt mein Gesicht mit Feuer. Mist. Warum kommen Hitzewallungen nie dann, wenn man frierend an der Bushaltestelle steht? Jetzt kann ich sie überhaupt nicht gebrauchen. Und meinen Pullover kann ich auch nicht einfach ausziehen, weil ja der Jeansknopf… Ich ziehe ihn trotzdem aus, lege ihn über den Schoß und atme tief durch.
„Ach, du Arme, du bist schon wieder ganz rot“, kommentiert Birgit und fächelt mir mit ihrer Zeitschrift Luft zu.
„Die Wechseljahre“, erklärt sie in die Runde, als ob das jemanden interessieren würde. Im Augenwinkel sehe ich, dass der Mann sich abwendet. Hat er tatsächlich gegrinst? Wie peinlich.
„Und wie weit fahren Sie?“, höre ich Birgit.
„Bis Freiburg“, antwortet mein Gegenüber.
„Ach, wie nett. Dann können wir ja zusammen umsteigen. Wir fahren nämlich auch nach Freiburg. Susis Tochter spielt dort am Theater. Irgend so ein modernes Stück. Aber es soll gut sein“, fügt sie schnell hinzu. „Kennen Sie Freiburg?“
„Ich bin dort aufgewachsen.“
„Oh, wie nett. Ich habe da nur einmal einen Urlaub verbracht, deshalb hab ich die Gelegenheit gleich wahr-

genommen …“, verwickelt Birgit die Frau umgehend in ein Gespräch über Freiburgs Sehenswürdigkeiten.
Ich freue mich derweil auf Johanna. Es ist ihr erstes Engagement und sie spielt keine große Rolle in dem Stück, aber Schauspielerin zu werden war schon als Kind ihr Herzenswunsch. Und nun hat sie es geschafft. Leider kann ich mich nicht auf meine positiven Gefühle konzentrieren. Zum einen, weil nach dem nächsten Halt und dem Gedränge beim Einsteigen viel zu vieler Menschen in den Zug eine Verspätung von bereits 17 Minuten angesagt wird, zum anderen, weil sich Birgit darüber auslässt, dass sie lieber mit dem Auto gefahren wäre, die Baustelle auf der A5 könne ja nun so schlimm auch nicht sein.
Ich halte mich zurück, während Birgit erfährt, dass Regina zu einem Familientreffen fährt. Ja, Regina, denn man kann sich ja nicht so gut unterhalten, wenn man den Namen der Gesprächspartnerin nicht kennt, hat Birgit festgestellt und daher nachgefragt. Das muss man ihr lassen: Kontakte knüpfen kann sie.
Ich beobachte die Leute im Zug. Der Mann von nebenan wirft ab und zu einen Blick herüber, vertieft sich dann aber wieder in sein Buch. Er sieht aus, als wäre er auch in unserem Alter, und er dürfte genervt sein von Birgits Geplapper, das jetzt bei nächtlichen

Schweißausbrüchen angelangt ist. Die Frau und ihre beiden Söhne scheinen doch nicht zu ihm zu gehören, sie haben noch kein einziges Wort mit ihm gewechselt, obwohl das natürlich nicht wirklich ein Indiz ist.
Die junge Frau am Fenster schläft immer noch. Ich konnte das früher auch. Nur in der letzten Zeit ist es schwierig, selbst wenn ich müde bin – na ja, wie sagt Birgit: „Du bist eben in den Wechseljahren."
Ich habe das Gefühl, der Zug wird immer langsamer. Ein Blick aus dem Fenster bestätigt: Wir halten auf freier Strecke.
„Oberleitungsschaden", vermutet der Mann und sieht mich an.
Ich bemühe mich, ein Grinsen zu unterdrücken. Warum denke ich dabei plötzlich an Birgit statt an die Bahn?
Die Frau, die ihm gegenübersitzt, schüttelt den Kopf. „Ich glaube eher, da hat sich wieder jemand auf die Schienen gelegt."
Auf einen Schlag richten sich ihre Söhne auf und versuchen, aus dem Fenster etwas zu erkennen.
„Damit dürfte unser Anschlusszug weg sein", erklärt Regina mir mit erstaunlicher Gelassenheit. „Ich hoffe, es reicht Ihnen dann noch für die Aufführung Ihrer Tochter."

Ich nicke. „Ich habe Verspätungen eingeplant. Johanna wohnt ganz in der Nähe des Bahnhofs und ich bin schnell fertig."
„Ich gehe sowieso nicht mit", mischt sich Birgit ein. „Die Vorstellung ist ausverkauft und Johanna hat nur noch eine einzelne Karte für ihre Mutter bekommen."
„Das ist aber schade. Und Sie fahren trotzdem mit hin?"
Birgit nickt. „Ach, das Theater ist sowieso nicht so meins. Aber wir sind seit unserer Schulzeit Freundinnen und ich wollte außerdem …"
„Leider mussten wir unfahrplanmäßig halten. Es sind Personen im Gleis. Weiterfahrt in wenigen Minuten", unterbricht uns die Schaffnerin.
Ein Seufzen geht durch den Wagen, einige Reisende fluchen laut. Besonders ein Mann in der Nähe der Tür findet dazu sehr blumige Worte. Birgit gibt ihm recht. Regina wechselt zuerst einen Blick mit dem Mann jenseits des Gangs und dann mit mir. Sie scheint jedoch eher amüsiert als genervt und wird mir immer sympathischer.
Natürlich ist unser Anschlusszug weg und der nächste fährt erst eine Stunde später. Immerhin gibt es im Bahnhof eine Bäckerei mit Sitzgelegenheiten, wo wir im Warmen mit einem heißen Kaffee warten können.

Der Mann von jenseits des Gangs, Bernd, hat sich uns angeschlossen, auch er will nach Freiburg.
Als Birgit sich die kleinen Läden im Bahnhof anschauen will, bleiben wir zu dritt zurück. Ich bin nicht sicher, ob ich Birgit nicht folgen sollte. Reginas und Bernds Blickwechsel während unseres Gesprächs lassen eine gewisse Verbundenheit erahnen, die ich nicht stören möchte, doch letztlich bleibe ich sitzen, bis wir wieder zum Bahnsteig müssen.
Der Zug, in den wir nun umsteigen, kommt nur verkürzt. Drei Wagen fehlen, natürlich auch unserer.
Es ist eng. In den Gängen stehen Koffer und Menschen dicht an dicht. Jetzt könnte man gut schwarzfahren, der Schaffner kommt hier nicht mehr durch. Ich habe ein Stehplätzchen zwischen Regina und Bernd, und wenn mir nicht schon wieder so heiß wäre, wäre das ganz angenehm. Ich befürchte allerdings, dass ich gleich umkippe – ich muss unbedingt meinen Pullover wieder ausziehen. Doch das ist gar nicht so einfach.
„Soll ich helfen?“, höre ich Bernds Stimme, als ich irgendwie im Pullover feststecken bleibe. Er zieht an meinen Ärmeln und ich kann mich befreien.
„Danke.“ Mein Kopf ist garantiert knallrot, aber ich bin plötzlich nicht mehr sicher, ob das wirklich an den Wechseljahren liegt.

Ab dem nächsten Bahnhof bekommen wir wieder Sitzplätze, als Leute aussteigen. Allerdings alle getrennt voneinander, was ein bisschen schade ist.
Der Rest der Fahrt verläuft ereignislos, bis mein Handy klingelt. Hastig ziehe ich es aus der Tasche und melde mich leise. Ich hasse diese Showtelefonierer, die auch in der Öffentlichkeit tun, als wären sie allein, und ihrer ganzen Umgebung lautstark Dinge mitteilen, die keiner wissen will.
„Mama? Wo bist du?", fragt Johannas vorwurfsvolle Stimme. Mist, ich habe vergessen, ihr zu simsen, dass wir Verspätung haben.
„Bin noch im Zug, lange Geschichte", sage ich. „Ist das ein Problem?"
„Nein", erklärt sie, „ich habe mich nur gewundert. Und ich habe eine gute Nachricht: Ich habe eben noch eine zweite Karte für die Vorführung gekriegt. Du kannst also deine Freundin mitbringen."
Ich bedanke mich herzlich und lege auf. Johanna hat jetzt schließlich anderes zu tun, als mit mir zu telefonieren.
„In wenigen Minuten erreichen wir Freiburg. Sie haben dort Anschluss an …"
Ich packe meinen Kram, gehe zum Ende des Wagens. Regina und Bernd stehen bereits an der Tür und es gibt

mir einen winzigen Stich, als ich sehe, wie sie ihn im Gespräch spielerisch und irgendwie vertraut gegen die Schulter boxt.

Reiß dich zusammen, sage ich mir, diese Begegnung war nicht einmal ein Flirt, was erwartest du in deinem Alter?

„War nett, dich kennenzulernen", sagt Regina zu mir. „Ich wünsch dir heut Abend viel Spaß im Theater."

„Ich auch", sagt Bernd. „Schade, dass die Vorstellung ausverkauft ist, Regina war schon als Kind so ein Theaterfreak."

Ich verstehe nicht, schaue von ihm zu ihr und zurück.

„Bernd ist übrigens mein Bruder", erklärt Regina lächelnd. „Ich glaube, das haben wir vergessen zu erwähnen. Und ja, ich muss gleich morgen gucken, ob ich für einen anderen Tag Karten kriegen kann."

„Das brauchst du nicht", sage ich spontan, „wenn du heute Abend Zeit hast."

Sie sieht mich fragend an.

„Meine Tochter hat vorhin angerufen. Sie hat überraschend eine zweite Karte bekommen."

Regina zieht ihre Brauen zusammen. „Aber die willst du doch sicher deiner Freundin geben?"

Ich schüttle den Kopf. „Du hast ja heute oft genug von ihr gehört, dass sie kein Interesse hat. Außerdem bin

ich in den Wechseljahren“, sage ich langsam, „und ich glaube, jetzt ist die richtige Zeit, mal für einen Abend die Freundin zu wechseln.“
Regina greift spontan nach meiner Hand.
Bernd grinst.

Lyla Ward

Alterslos

Für meine Mutter war der Begriff „Seniorin" immer ein Schimpfwort. Sie muss um die fünfundsechzig gewesen sein, als diese Bezeichnung aufkam. Und sie hätte weder vor der Regierung noch sonst vor irgendjemandem zugegeben, dass sie in ebendiese Kategorie fiel. Obwohl sie dazu berechtigt war, verzichtete sie etliche Jahre darauf, sich bei Medicare anzumelden oder in ihrer Geldbörse irgendetwas mit sich herumzutragen, das auch nur die Aufschrift „Seniorin" trug.

Ihr Alter war, genau wie das ihrer Schwestern oder ihrer Mutter, nichts, worüber man in unserer Familie sprach. Durch kleine versteckte Andeutungen, ein verstohlenes Lächeln oder vage Anspielungen gab man uns Kindern manchmal zu verstehen, dass Tante Marguerite, die Älteste der Schwestern, *viel älter* sei, als einer von uns je vermuten würde, und meine Mutter, die Jüngste, noch ein halbes *Kind* gewesen sein muss, als sie meinen Vater heiratete, da wir, ihre Kinder, ja jetzt schon fast erwachsen seien.

Damals, in den Dreißigerjahren, war das Verhalten meiner Mutter keine Ausnahme. Die meisten Filmschauspielerinnen waren mindestens zehn Jahre älter, als sie behaupteten. Mannequins, die aussahen wie achtzehn, waren dreißig. Und selbst den eigenen Ehemann ein klein wenig anzuflunkern, was das eigene Geburtsdatum anging, war nicht ungewöhnlich. Zu jener Zeit war die Regel „Frage eine Frau niemals nach ihrem Alter" ein unanfechtbarer Teil des Gesellschaftsvertrags.

Dennoch wussten viele meiner Freunde nicht nur, wie alt ihre Mütter waren, sie sprachen auch offen darüber, was mich zu der Annahme führte, dass es mit dem Alter in unserer Familie etwas ganz besonders Geheimnisvolles auf sich hatte. Waren wir irgendwie vom Alterungsprozess befreit? Mit neun oder zehn sah ich aus wie jede andere Neun- oder Zehnjährige, aber – so fragte ich mich immer wieder – wann würde sich das ändern? Wann würde ich feststellen, dass ich *nicht* die verräterischen Fältchen bekam, die ich eigentlich bekommen sollte? Oder schlimmer noch: Würde ich möglicherweise die Einzige in unserer Familie sein, die nicht wesentlich jünger aussah als ihre Altersgenossinnen? Als Kind ließ mir dieses Geheimnis keine Ruhe, und sosehr ich mich auch bemühte, fand ich niemals heraus, wie alt meine Mutter wirklich war.

Als mein Bruder mit vierundzwanzig Jahren heiratete (sein Alter war kein Geheimnis) und bereits ein Jahr später Vater wurde, wurde meine Mutter, dem natürlichen Lauf der Dinge folgend, im zarten Alter von … zur Großmutter. Uns allen war bewusst, dass sie noch viel zu jung war, um Großmutter zu sein, allerdings um *wie viel* zu jung, das blieb uns allen ein Rätsel. Wir akzeptierten ihre Behauptung jedoch immer, ohne auch nur ein einziges Mal nachzufragen. Ihr erstes Enkelkind und all die Enkel, die noch folgen sollten, nannten sie „Nana“ – ein nebulöser Kosename, freundlich, doch auf keinen Fall altersspezifisch. Ein Kosename, der nichts, aber auch gar nichts von Schaukelstuhl oder grauen Haaren an sich hat.

Apropos graue Haare. Dies war ein anderes Tabuthema in unserer Familie. Nicht allzu viele Großmütter ließen es damals zu, dass sich „silberne Fäden im Gold“ zeigten. „Nur dein Friseur weiß Bescheid“, war ein viel zitierter Ausspruch dieser Zeit. Und wenn eine Frau tatsächlich einmal graues Haar hatte, dann wies es gewöhnlich einen unübersehbaren Blaustich auf. Vermutlich sollte das den Anschein erwecken, dass sie sich ihr Haar hatte silbern färben lassen, da sie noch viel zu jung war, um auf natürliche Weise graue Haare zu bekommen. Die Haare meiner Mutter waren „natürlich“ braun, ein Braun allerdings, das im Laufe der Jahre unerklärlicherweise immer heller wurde.

Wenn in ihrem Leben irgendwelche gravierenden Veränderungen eintraten, hatten wir stets den Eindruck, dass ihr das viel früher widerfuhr als allen anderen. Sie heiratete früher, wurde früher Mutter, kam früher „in den Wechsel“. Irgendwie war es ihr sogar gelungen, uns davon zu überzeugen, dass sie ihre Rente schon bekam, noch bevor sie zweiundsechzig Jahre alt war.

Wir fanden in unserem Haus jedoch niemals ihre Geburtsurkunde, und so gab es keine Möglichkeit, unseren Verdacht zu bestätigen.
Die Eitelkeit war jedoch nur einer der Gründe, warum meine Mutter nicht über ihr Alter sprechen wollte. Sie hatte ihr ganzes Leben große Angst davor, dass man sie für altmodisch halten könnte. Vielleicht war es auch allein schon das Wort „alt", das sie störte. Als „Seniorin" oder „Großmutter" zu gelten war für sie gleichbedeutend mit „vom Mainstream abgeschnitten" zu sein. Obwohl sie niemals berufstätig war, war sie ihrer Zeit weit voraus und sich somit der aufkeimenden Vorurteile gegenüber dem Alter stets bewusst. Sie hatte wohl deshalb auch ständig das Gefühl, dass all ihre Gedanken und Ideen an Wert verlieren würden, wenn bekannt werden würde, wie alt sie war.
Wohl auch, um ihr Geheimnis zu wahren, sprach meine Mutter niemals von der „guten alten Zeit". Der nostalgische Blick in die Vergangenheit war für sie das sicherste Zeichen dafür, dass jemand alt wurde. Bei ihr gab es niemals ein Als-ich-noch-ein-kleines-Mädchen-war oder Ich-erinnere-mich-noch-als. Ich hingegen hätte nur allzu gern etwas über Gaslichter, Eisschränke oder von Pferden gezogene Straßenbahnen, kurz gesagt darüber, wie es 1915 in New York ausgesehen hatte,

erfahren. Das war jedoch undenkbar, denn wenn sie auch nur einmal über das Leben Anfang des zwanzigsten Jahrhunderts gesprochen hätte, hätte sie zugeben müssen, dass sie das Ganze miterlebt hatte.

Obwohl meine Mutter sich standhaft weigerte, über ihr Alter auch nur zu *sprechen*, war sie für eine Frau in ihren …zigern stets bemüht, sich angemessen zu kleiden und auch zu verhalten. Als ich ein Teenager war, trug sie weder Söckchen noch Turnschuhe. Tatsächlich war es so, dass sie Frauen, die sich „mädchenhaft" gaben, sogar verachtete. Sie selbst konnte man vielleicht am treffendsten als „reife Frau" beschreiben, was man ihr jedoch keinesfalls sagen durfte. „Reif", das war auch eines der Worte, die sie verabscheute.

Natürlich kam auch für sie irgendwann einmal die Zeit, da sie anerkennen musste, dass sie nicht mehr jung war. Wenn sie nicht mehr so viel kochte und backte wie früher, bemerkte sie jedoch niemals: „Das liegt dran, dass ich alt geworden bin." Nein, sie sah uns, nachdem sie widerwillig zugegeben hatte, ein wenig erschöpft zu sein, an und erklärte: „Ich werde älter, wisst ihr." Und dann wartete sie auf den ungläubigen Ausdruck in unseren Augen, der ihr sagte, dass uns das noch überhaupt nicht aufgefallen war. Natürlich war es uns aufgefallen. Wir ließen es uns nur nie anmerken.

Ich andererseits habe allen, die es hören wollten, immer gern Auskunft darüber gegeben, wie alt ich bin. Falls es ein Alter-Verleugnungs-Gen geben sollte, nun, dann habe ich es jedenfalls nicht geerbt. Vielleicht ist es ein letzter Rest meiner rebellischen Grundeinstellung als Jugendliche, denn damals versuchte ich, mich von meiner Mutter abzugrenzen. Jedenfalls habe ich meine Geburtstage, vor allem die runden – den dreißigsten, vierzigsten, fünfzigsten und so weiter –, mit allem, was dazugehört, gefeiert. Das heißt nicht, dass nicht auch ich eitel wäre. Als ich siebzig geworden war und der Busfahrer meinen Ausweis sehen wollte, bevor er mir den reduzierten Fahrpreis für Senioren gewährte, erzählte ich voller Freude meiner ganzen Familie davon. Ich selbst staunte wieder einmal darüber, wie jung *wir* doch alle aussehen, selbst wenn *wir* alt, äh … älter geworden waren.

Nachdem meine Mutter gestorben war, fand ich unter all ihren Papieren auch ihre Geburtsurkunde. Wie ich feststellte, war sie gar nicht *so* jung gewesen, als sie heiratete, Kinder bekam und Großmutter wurde. Ich war schockiert. Natürlich starb sie viel zu jung, aber da war sie immerhin schon … Jahre alt.

Ilse Gräfin von Bredow

… und kein bisschen weise

Viele Jahre waren wir einfach alt und wurden unter dem Sammelbegriff „Rentner“ geführt. Jetzt, zwischen fünfundachtzig und hundert, befinden wir uns, wie man es taktvoll nennt, „in fortgeschrittenem Alter“. Ein Fortschritt, der das Besondere an sich hat, dass er ein Rückschritt ist, denn in den Medien spricht man – was uns Frauen betrifft – nun gern von „alten Damen“: „Die alte Dame versuchte vergeblich, sich gegen den Einbrecher zu wehren.“ In Bayern allerdings wählte man vor Jahren geradeheraus das Wort „hochbetagt“. Als ich kurz nach dem Krieg meine dort gelandete Schwester besuchte, entdeckte ich bei einem Spaziergang mit meiner Mutter eine brennende Feldscheune und meldete es der Polizei. In dem Protokoll stand: „Als ich mit meiner hochbetagten Mutter an der Scheune vorbeikam …“ Zu diesem Zeitpunkt war meine Mutter so um die fünfundsechzig.
Jetzt wird das Wort „Alte“ durch die Bezeichnung „Senioren“ ersetzt. Und wir kommen nicht mehr ins „Altersheim“, sondern in „Residenzen“, was die Sache

auch nicht besser macht. Doch selbst wir retuschieren gern an unserem Alter herum und denken mit Wehmut daran zurück, als wir noch achtzig waren – „schön war die Zeit!“ Nun ja, ganz so schön auch wieder nicht. Einige Krankenhausaufenthalte, Grippen und einen unangenehmen, hartnäckigen Husten musste man schon in Kauf nehmen, und manchmal hat man gedacht, das letzte Stündlein habe geschlagen. Dieser oder jener von uns hat mal wieder die gesamte Familie antanzen lassen, das Testament durchforstet und Sachen verschenkt, mit denen die Empfänger nicht so recht was anfangen konnten, wie mit dem wuchtigen, bleischweren Aschenbecher, von dem sich ein Onkel schweren Herzens trennte, zumal der Beschenkte Nichtraucher war. Aber dann hat man sich erstaunlicherweise doch wieder berappelt und Freunden und Familie mit dem detaillierten Krankenbericht bei der dritten Wiederholung viel Geduld und Langmut abverlangt.

Und nun liegen die achtzig weit hinter uns, inzwischen sind oder werden wir Urgroßmütter oder Urgroßväter. Aber fühlen wir uns deshalb uralt? Und woran erkennen wir, in welche Altersstufe wir gehören? Zum Beispiel daran,

– wenn die Großnichte fragt: „Tantchen, erzähl doch mal, wie war’s denn so zu Kaiser Wilhelms Zeiten?“;

- wenn der Abiturient von nebenan wissen will: „Welcher Krieg war schlimmer, der erste oder der zweite?“;
- wenn die Freundin des Urenkels verkündet: „Ich hab gelesen, Sie durften nicht einmal mit Ihrem Verlobten im selben Abteil fahren. Is' ja geil!“;
- wenn das, was wir auf dem Kopf tragen, kein Hut mehr ist, sondern ein Hütchen – „Was haben Sie für ein reizendes Hütchen auf!“;
- wenn man einen Gleichaltrigen im Gespräch erwähnt und die fassungslose Frage zu hören bekommt: „Was? Der lebt noch?“;
- wenn wir zu allen unter Siebzigjährigen bei passender Gelegenheit „Aber Kind“ sagen;
- wenn wir einem Altersforscher nur mit einem überlegenen Lächeln lauschen können, weil er in unseren Augen gerade sein Lätzchen abgelegt hat, aber jetzt schon von seinen inneren Abschieden spricht und dann noch meint, uns erklären zu müssen, was es mit dem Alter so auf sich hat.

Denn er weiß nicht, was wir wenigstens wissen: Es steckt voller Überraschungen. Und was Curd Jürgens sang: „Sechzig Jahre und kein bisschen weise, aus gehabtem Schaden nichts gelernt …“, gilt auch für viele von uns Hochbetagten. Da man aber den Charakter des alten Menschen gern vergoldet und ihn für abge-

klärt und weise hält, wird er oft falsch eingeschätzt. Und das sieht dann so aus: „Karin, setz dich doch mal zu deiner Urgroßtante. Sie guckt so traurig."
Und was bedrückt die liebevoll befragte Tante? „Sag mal, Kindchen, wer ist denn diese gräuliche Person neben meinem Großneffen Friedrich? Wo hat er denn die aufgegabelt?" Das den Familienklatsch liebende Tantchen hat mal wieder ins Schwarze getroffen. Die Familie ist entzückt über das Wort gräulich. Sie war von Anfang an entsetzt über Friedrichs Zukünftige und empfindet deshalb Tantchens Frage keineswegs als anmaßend oder taktlos, im Gegensatz zu dem vor zwei Tagen mit einer Nichte geführten Telefonat, bei dem sie deren allseits beliebten Sohn einen Waschlappen nannte, was einen Sturm der Entrüstung auslöste.
Ob nun taktvoll, abgeklärt, gütig und weise oder nicht, ohne unser Zutun und nur aufgrund unseres hohen Alters avancieren wir oft zum Vorbild, und das ganz besonders für den Nachwuchs, was die Kleinen jedoch eher verstimmt als einsichtig macht.
„Deine Uroma ist schon neunzig und steht trotzdem jeden Morgen um sieben Uhr auf." – „Warum?"

Gelegentlich wird man sogar von den Nachbarn bewundert: „In Ihrem Alter noch immer ohne Stock.

Da kann sich mancher ein Beispiel dran nehmen."
Wer ein Vorbild sein möchte, muss natürlich noch einigermaßen intakt sein und nicht so ein Schussel wie beispielsweise ich, die ich immer wieder aufs Neue nach meinem Wohnungsschlüssel suche, statt ihn einmal dort hinzulegen, wo er hingehört – neben die Tür. Denn den Status des Vorbilds kann man schnell verlieren und bei den mitleiderregenden Uralten landen, die von jüngeren Menschen gern mit diesem fröhlichen Unterton in der Stimme angesprochen werden: „Dir ist schwindlig? Alles halb so schlimm! Da legen wir uns einfach mal ein Weilchen hin."
Dabei lechzen wir doch nach Bewunderung, besonders dann, wenn mit uns nicht mehr allzu viel Staat zu machen ist, die Muskeln schnell schlaff werden und die von den vielen Tropfen trüben Augen Mülltonnen von Menschen nicht mehr unterscheiden können. Auch unser Gehör hat mehr und mehr Ruhebedarf und stellt sich trotz teurer Hörgeräte einfach ab. Aber sowie man uns bewundert, nicken wir zufrieden und genießen es, wenn auch sicher nur vorübergehend, eine Respektsperson zu sein und nicht nur ein Sammelbegriff. Ich selbst gehörte früher in jeder Gemeinschaft zu den Schlusslichtern. Im Internat war ich eine absolute Niete beim Brennballspielen. Wenn die Mannschaft

aufgeteilt wurde, interessierte sich niemand für mich, denn mit schöner Regelmäßigkeit traf der Ball mich schmerzlich, ehe ich ihn schlagen konnte. Und im Arbeitsdienst keuchte ich beim fröhlichen Lauf durch das vom Morgentau klitschnasse Gras hinter den anderen her. Gelobt wurden wir so gut wie nie, man fand zu viel Lob damals für junge Menschen schädlich. Selbst die Bäuerin, der ich bewies, wie routiniert ich mit der Zentrifuge umgehen konnte, die Milch und Sahne voneinander trennt, staunte zwar, sagte aber statt eines Lobs nur trocken: „Auch ein blindes Huhn findet mal ein Korn." Doch jetzt im hohen Alter hat sich das Blatt gewendet. Wir werden wegen jeder Kleinigkeit bewundert. Und dazu haben wir noch die Aura des Zeitzeugen, der, was meine Generation betrifft, ja tatsächlich eine Menge erlebt hat. Die kleinste Leistung findet Beifall: „Sie ziehen Ihre Markise noch alleine hoch?! Alle Achtung! Sie gehen noch im Dunkeln im Park spazieren?! Ist ja mutig! Sie fahren noch Rad?! Bewundernswert!"

Die Uroma alten Stils ganz in Schwarz und ohne jedes Make-up gibt es zwar nicht mehr, doch irgendwie spuken sie und ihre altersbedingte Rückständigkeit immer noch in den Köpfen mancher Jüngeren herum. Dabei sind wir keineswegs von gestern, ebenso wenig, wie es damals unsere Mütter waren, die zwei Kriege über sich ergehen lassen mussten. Wir schwimmen wacker im Mainstream mit und bemühen uns zu verstehen, dass der, wie man früher gesagt hätte, überarbeitete Urenkel eine „Auszeit" braucht, um ein „Burn-out" zu vermeiden. Auch wir lieben inzwischen leider das Wort „Depression" und sprechen nicht mehr von „schlechter Laune" oder „Verstimmtheit". Auch wir besitzen selbstverständlich ein Handy und behaupten, es sei kinderleicht zu bedienen, obwohl es meist in der Schublade bleibt. Aber insgesamt – tief in unserem Innern – hängen wir doch noch am Althergebrachten, finden den angedeuteten Knicks der zukünftigen Frau des Enkels einfach zu reizend und denken, wenn uns der Urenkel lässig die linke Pfote reicht: „Wo ist das brave Händchen?" Wir tragen innere Kämpfe aus, nicht gekränkt zu sein, wenn uns zum Geburtstag nur per Telefon und SMS gratuliert wird statt mit langen Briefen oder ausgesuchten Blumenkarten. Und wir sind uneins mit uns, ob wir das kurze „Hi!" der jungen Nachbarin unmöglich finden sollen oder nicht.

Aber einem Problem entwachsen wir von Jahr zu Jahr mehr und mehr – dem nachteiligen Vergleich mit anderen Familienmitgliedern unserer Generation, denn von denen gibt es immer weniger, und die Jahrgänge davor kennt zum Glück niemand mehr. Jetzt haben wir endlich die Chance, uns unsere Ähnlichkeit selbst auszusuchen.

In meinem Fall empfinde ich eine tiefe Seelenverwandtschaft mit Wuffi, dem Hund meiner verstorbenen Freunde, den aber auch schon seit etlichen Jahren der grüne Rasen deckt. Er starb so angenehm, wie es sich jeder Mensch nur wünschen kann, an einem Frühlingstag unter blühenden Bäumen. Und das Letzte, was ich von ihm hörte, war ein zufriedenes „Wuff". Wie er in fortgeschrittenen Jahren, taumle auch ich leicht von einer Seite auf die andere, und die Vorübergehenden sagen gelegentlich schmunzelnd: „Na, war wohl mehr als ein Gläschen in Ehren?" Auch ich stoße mich mit Vorliebe an Gegenständen, die meiner Meinung nach völlig sinnlos in der Gegend herumstehen, und gebe dabei einen wuffähnlichen Ton von mir. Auch ich bin sehr wählerisch mit dem Essen und beobachte, wenn ich unterwegs bin, ein wenig misstrauisch meine Umwelt. Ebenso wie er liebe ich die Wärme, verkneife mir allerdings tunlichst, mich wie er auf jedes Plätzchen zu legen, das mir gemütlich erscheint, um die Sonne zu genießen. Nicht alles ist mir gestattet, was für ihn selbstver-

ständlich war. Aber trotz aller Seelenverwandtschaft: So viele Tränen wie bei seinem Tod werden bei meinem nicht fließen.
Doch das ist kein Grund zur Traurigkeit. Es ist nun einmal so, dass wir dank der Fortschritte in der Medizin und anderer vorteilhafter Lebensumstände so alt werden und der Bibelspruch: „Das Leben währet siebzig Jahr“ längst überholt ist. Das Alter hat ja auch gewisse Vorteile, wie etwa den der Erinnerung und des Vergleichens zwischen heute und damals. So traf ich vor nicht langer Zeit bei Freunden einen jungen Mann, dessen Stimme längst Vergessenes in mein Gedächtnis zurückkehren ließ. Er war – wie sich herausstellte – der Urenkel eines Herrn, mit dem ich vor siebzig Jahren eine Spritztour auf seinem Motorrad gemacht hatte. Leider führte uns sein schneidiger Fahrstil schnurstracks in einen Graben, was aber bei dem damals nur möglichen Tempo glücklicherweise ohne Folgen blieb. Sofort sprach ich seinen Urenkel darauf an, und er hörte mir höflich, aber wenig interessiert zu. Sein Motorrad war natürlich von ganz anderem Kaliber als das zu meiner Jugendzeit, doch auch er war wie ich damals nicht allein. Das weibliche Wesen in dunkler Lederkluft, dessen Gesicht von einem schwarzen Helm verborgen wurde, saß bereits auf der Maschine. Es war

wie vor siebzig Jahren – ein lauer Frühlingstag, zwei junge Menschen auf einem Motorrad, ein rasanter Start. Und doch war da ein großer Unterschied: Die junge Dame steuerte, ihr Begleiter saß auf dem Soziussitz. „Ja, ja, lang ist's her …“

Noëlle Châtelet

Die Dame in Blau

Mireille geht durch die Stadt. Sie läßt sich von der Strömung tragen, vom unaufhörlichen Menschenstrom. Nichts treibt sie zur Eile an, nichts zwingt sie, den Rhythmus einzuhalten, doch sie tut es. Das ist so. Das war schon immer so.

Weiter vorn auf dem breiten Boulevard gerät der Strom ins Stocken. Irgend etwas behindert seinen Fluß. Man kommt nicht mehr von der Stelle. Die naturgegebene Ordnung, der Rhythmus sind in Gefahr. Einen Umweg oder ein anderes Tempo, weil irgend etwas den Weg versperrt, den Strom behindert, niemand hat das um diese Zeit gern.

Jetzt erreicht auch Mireille dieses Irgend etwas. Überraschung: eine alte Dame.

Ist etwa dieses winzige Wesen an der Verzögerung schuld?

Mireille läßt sich überholen. Die Leute gehen an ihr vorbei, werfen einen wütenden Blick auf die Schrittverderberin, dann gehen sie schneller, fest entschlossen, sich dem Strom wieder anzuschließen, aufzuholen, das

Tempo, den allgemeinen Schwung wiederzufinden, als hätten sie sich abgesprochen, als verfolgten sie dasselbe Ziel.

Mireille zögert. Verlangsamt den Schritt. Zu behaupten, der Gedanke sei ihr gekommen, wäre übertrieben. Eher ein Impuls. Ein Impuls drängt sie plötzlich, sich dem Gang der unerschütterlichen alten Dame anzupassen, die neben ihr geht und bedächtig ein Bein vor das andere setzt, sehr gewissenhaft, schön im Takt, mit wohlbemessenem Druck des Fußes auf den Gehweg und sanftem Wiegen des Körpers, den Kopf ein wenig geneigt, als lausche sie dem gleichmäßigen Rascheln ihres dunkelblauen Kleids aus Seidenkrepp, wenn es die hellen Baumwollstrümpfe streift. Das weiße Haar, das im Nacken unter dem ebenfalls blauen Hut zu einem Knoten geflochten ist, die zu der kleinen Handtasche aus geflochtenem Leder passenden Netzhandschuhe, alles ist sorgsam bedacht, damit es ein eleganter Spaziergang wird.

Die alte Dame in Blau geht gemessenen Schritts, von einer gewissen Würde erfüllt, ohne die Hektik rings um sie her zu beachten. Sie schlendert betont, wenn auch ohne Aggressivität, während die anderen rennen. Mireille hat sich nach und nach dem Gang der alten Dame angepaßt. Sie hat den Schritt gewechselt, ihr

eigenes Wiegen gesucht. Jeder ihrer Schritte wird zu einem neuen Genuß. Die Langsamkeit verleiht ihnen einen ungewohnten Reiz.
Lange geht Mireille so in den Fußstapfen der ungewöhnlichen Spaziergängerin. Sie genießt diese Verlangsamung, macht sie sich zu eigen.
Doch dann kommt Mireille an die Ecke ihrer Straße. Sie muß sich von der alten Dame trennen. Sie hält inne, zögert noch einmal. Hat ihre heimliche Weggefährtin dieses Zögern bemerkt? Auf jeden Fall wendet sie jetzt den Kopf.
Der kurze, kaum wahrnehmbare Blick, den sie Mireille zuwirft, gleicht einem Lächeln und das Lächeln einer Zustimmung. Zustimmung wozu?
Mireille erwidert spontan das Lächeln. Auch sie stimmt zu. Doch wozu?
Dann holt sie Luft und biegt um die Ecke.
Das war es.
Mireille geht bedächtig, schön im Takt, mit wohlbemessenem Druck des Fußes auf den Gehweg und sanftem Wiegen des Körpers, den Kopf ein wenig geneigt, als lausche sie.

Renate Bergmann

Wer erbt, muss auch gießen

Jetzt muss ich Ihnen mal im Vertrauen was von Gertrud erzählen. Ich habe mich bisher immer zurückgehalten damit, weil ich dachte, sie liest das vielleicht und ist eingeschnappt, aber wissen Se, die ist viel zu faul zum Lesen.
Wenn die Leute Gertrud zum ersten Mal sehen, denken die meisten, dass sie eine liebe, etwas robuste alte Dame ist. Das stimmt schon, aber sie hat auch eine andere Seite: Gertrud ist sehr wehleidig. Man könnte fast denken, sie ist ein Mann. Sie machen sich kein Bild! Sobald sie ein Wehwehchen hat, legt sie sich ins Bett und wartet auf das nahende Ende. Ich finde für das Gewese, das die veranstaltet, manchmal gar keine Worte. Im Grunde stirbt sie seit über 20 Jahren. Ich weiß es noch genau, wir sind damals beide mit 60 in Rente gegangen, aber bei ihr war das was ganz anderes als bei mir. Ich habe mich gefreut, dass ich von da an mehr Zeit hatte, es endlich mal zum Sport schaffte und die Gardinen regelmäßig in die Waschmaschine kamen. Und meine Gertrud? Die kam zwei Tage nach ihrem Sech-

zigsten mit einem Krückstock bei mir an. Rollatoren gab es damals ja noch nicht. Ich dachte, ich gucke nicht richtig. Ja, stöhnte sie, ihr sei jetzt immer so düselig und da würde sie sich mit Stock sicherer fühlen. Und außerdem wären wir ja jetzt alte Frauen und müssten uns nicht dafür schämen. Das war noch die Zeit vor Nordisch Wokking, wissen Se. Heute fällt man mit Stöcken ja gar nicht mehr auf, aber damals gingen wirklich nur alte Damen so aus dem Haus. Sie steckte sich eine Zeit sogar die Haare zum Dutt hoch, denken Sie nur. Sie hat sich aber mit dem Haarnetz immer im Hörgerät verheddert, und da hat sie es wieder gelassen. Nee, es war nicht mit anzuschauen, sie wurde im wahrsten Sinne des Wortes über Nacht zu einer ollen Frau. Seitdem jammert sie vor jedem Geburtstag, dass sie eigentlich gar keine Lust zum Feiern hat, aber da es ja wahrscheinlich der letzte wäre, sollen sie ruhig alle noch mal kommen, damit sie Abschied nehmen kann. Himmel, nee! Auf dem Geburtstag nimmt sie die Kinder und Enkel dann immer einzeln auf die Seite und bespricht mit ihnen, wie sie unter die Erde gebracht werden will, wer was erben soll und wer sich um was zu kümmern hat. Eine Renate Bergmann ist da abgemeldet. BITTE. Ich habe mein eigenes Tun, aber trotzdem würde ich ja wenigstens gern Bescheid wissen, nich wahr? Wenn wirklich mal was ist, fällt es ja doch mir zu, mich zu kümmern. Wer ist denn da gewesen, als sie im Krankenhaus lag mit Verdacht auf Blinddarmreizung? Wer hat denn das Räderessen abbestellt, die Katze gefüttert und ihre rosa Alpenveilchen gegossen? Die gute Renate. Die Blinddarmreizung war in Wirklichkeit Muskelkater vom Seniorenturnen, und nach zwei Nächten war sie wieder zu Hause. Aber Gertrud muss ja wissen, was sie tut. Ihre Tochter, die Gisela, pustet schon immer die Backen auf, wenn sie zum Nachlassgespräch muss. Gisela sagt, Gertrud erzählt jedem was anderes, und das nicht nur von Jahr zu Jahr, sondern von Kaffeetafel zu Abendbrot. Einmal hat sie Gisela erst erzählt, dass sie eingeäschert werden und ganz bescheiden zu ihrem Gustav mit aufs Grab will, und nach dem Anstoßen mit Geburtstagssekt sollte dann ihr Sarg auf einer Lafette von acht schwarzen Pferden gezogen werden. ACHT SCHWARZE PFERDE. Die Rappen sollten bunte Hahnenfedern auf dem Kopf tragen, und dazu sollte der Trauermarsch gespielt werden, wie damals beim Breschnew. Fast hätte ich gelacht. Wissen Se, ich weiß, was Gertrud an Rente kriegt, und ich weiß auch, was ein Pferd kostet. Da war ich dann doch ganz froh, dass die Familie das regeln muss, wenn es dereinst so weit ist.

So ist es nun jedes Jahr. Vor dem Geburtstag geht das Gejammer los, dass sie nicht feiern will, dass es ja alles keinen Sinn mehr hat und sie sowieso bald stirbt, und dann kommt kurz vorher der Schwenk, und sie will alle „noch mal sehen, um Abschied zu nehmen. Weißte, Renate, noch geht es mir ja recht gut, und so sollen mich alle in Erinnerung behalten. Ans Sterbebett soll keiner mehr kommen und mich dahinsiechen sehen. Außerdem können wir dann über den Nachlass sprechen." Jedes Jahr dasselbe. Geklärt wird aber nie was. Alle müssen ihr Frikassee mit Pelle drin essen, das sie zur Feier des Tages macht, bis sie Bauchschmerzen bekommen, und danach verwirrt sie alle mit ihren Pferden, Hahnenfedern und Musikwünschen. Sie klärt gar nichts, sie spricht einfach nur gern über ihre Beerdigung. Andauernd macht sie das! Wenn Gertrud Schnupfen hat, legt sie sich im Nachthemd ins Bett und gibt tagelang nur röchelnde Geräusche von sich. Es ist nicht zum Aushalten! Sie hat auch nie Kopfschmerzen, sondern immer gleich einen Gehirntumor und will in die Röhre. In diese Computerhöhle, wo sie einem den Kopp röntgen, wissen Se. Die Doktorsche überweist sie da aber nicht hin, weil sie weiß, dass Gertrud spinnt, und dann will sie schon aus Prinzip sterben, nur „damit Frau Doktor mal sieht, dass sie einen Fehler gemacht

hat!". Letzthin sagte sie zu mir: „Renate, ich glaube, es ist nun wirklich so weit, ich bin an dem Punkt, wo mein Leben an mir vorbeizieht … eben war schon Gustav hier im Raum und hat mit mir gesprochen."
„Dein Gustav, der seit 20 Jahren tot ist?", fragte ich und gab mir Mühe, dass Gertrud nicht merkte, dass ich mir das Lachen verkneifen musste. „Wenn Gustav schon hier war, warum hast du ihm nicht den Müll mit runtergegeben?", rutschte es mir raus.
Da musste sogar Gertrud kichern, und nach ein paar Minuten hatte sie das mit dem Sterben wieder vergessen, und ich konnte sie überreden, uns Kartoffelpuffer zu machen. Wissen Se, es riecht so, wenn man die macht, die esse ich daher lieber außer Haus. Und bei Gertrud riecht es sowieso, ihr macht das also gar nichts aus.

Gertrud liest und sammelt ja alle Beipackzettel von Tabletten, die sie jemals eingenommen hat. Nee, ich sage Ihnen, man kann nur den Kopf schütteln. Sie hebt alle auf und heftet sie weg, sogar die von fremden Leuten. Von Tabletten, die sie gar nicht nimmt! Sie hält keine Ordnung in ihren Rechnungen und Versicherungspapieren, aber von ihren Pillen kann sie bis zur Wende 1989 sagen, was sie wann gegen was eingenommen hat und wie es ihr bekommen ist. Das schreibt sie nämlich mit dem Kuli auf den Rand und kreuzt bei den Nebenwirkungen an, welche sie gern gehabt hätte und welche sie bekommen hat. Es sind drei dicke Ordner voll. Wenn sie neue Tabletten bekommt, nimmt sie als Erstes die Bedienungsanleitung raus, schreibt das Datum auf den Rand und die Dosierung, zu der Frau Doktor geraten hat. „Wenn mal was ist, können sie genau nachlesen, warum ich draufgegangen bin“, sagt sie. Dabei sind die Nebenwirkungen meist leere Versprechungen, und einem wird gar nicht düselig, wie es da steht.

Ganz schlimm war es auch vorletztes Frühjahr. Da rief sie mich nachmittags weinend an, dass es nun – mal wieder – so weit sei, ich solle sofort kommen und auch Frau Doktor, und am besten mit Blaulicht, sie liege im Sterben.

Ich bin gleich hin, auch wenn mir schon schwante, dass … aber als Freundin ist man auch bei Fehlalarm zur Stelle, nich wahr? Als ich ankam, wühlte Gertrud weinend im Kleiderschrank, suchte Nachthemden und Handtücher zusammen und warf sie – ungebügelt! – in eine Reisetasche.

„Gertrud. Nun beruhige dich erst mal, setz dich hin und erzähle. Was hast du denn? Ist es wieder der Kreislauf?" Ich reichte ihr ein Taschentuch. Im Gegensatz zu Gertruds Wäsche war das selbstredend geplättet, schließlich bin ich eine ordentliche Hausfrau.

Gertrud senkte die Stimme und schaute sich um. Offenbar ging es um eine diskrete Angelegenheit, über die man nicht gern spricht. Vielleicht ein Frauenleiden? Sie ergriff meinen Arm und flüsterte: „Renate, ich verliere Stücke vom Darm! Ich löse mich innerlich auf! Sie sollen das, was von mir noch übrig bleibt, verbrennen und im Wind verstreuen."

So was hatte ich ja noch nie gehört. War sie von den Pferden, die ihren Sarg ziehen sollten, etwa abgekommen?

Gertrud bot an, Blickkontakt mit ihrem Stuhl aufzunehmen, aber ich lehnte dankend ab. Stattdessen befürwortete ich die Idee, zur Frau Doktor zu gehen. Die Tasche für das Krankenhaus nahmen wir gleich mit, man weiß ja nie. Eine Renate Bergmann denkt schließlich mit.

Die Praxis ist in einem Einkaufszänter, in dem man mit einem Fahrstuhl fahren muss. Diese Höllendinger mag ich nicht und nehme nach Möglichkeit die Treppe, auch wenn es länger dauert. Das hält einen jung, und die Gelenke rosten nicht ein. Meine neue Hüfte ist, soweit ich weiß, aus Titan, und das soll nicht rosten, aber sicher ist sicher. Da Gertrud den Rollator dabeihatte, auf den sie sich leidend stützte, nahmen wir aber den Lift. Sie seufzte auf dem Weg zum Aufzug vier Leute an und flehte mit bebender Stimme nach einem Glas Wasser. Als man es ihr brachte, lehnte sie jedoch ab und schluchzte: „Das ist nett, aber bestimmt muss ich notoperiert werden, und da ist es besser, wenn ich nüchtern bleibe." In der Höllenmaschine stand schon eine Frau, die auch auf „3" gedrückt hatte und zur Doktern wollte. Sie war vor uns da, das kann man nicht abstreiten. Der Ehrgeiz, vor ihr dranzukommen, weckte jedoch Gertruds Lebensgeister. Ich sah gleich, wie sie sich aufrichtete und schon im zweiten Stock die Bremse vom

Rollator löste. So wie Stefan manchmal an der Ampel. Es ist noch rot, da hat der schon den ersten Gang drin und schnurrt mit der Kupplung. Meine Güte, es reicht doch wohl, wenn man den Gang gemütlich einlegt, wenn Grün kommt! So ungeduldig war Gertrud auch. Die Fahrstuhltür war noch nicht mal ganz offen, da bumste sie mit dem Gehwägelchen dagegen und rammte im zweiten Anlauf gleich noch die schiefe Palme, die ihr auf der Zielgeraden zum Schwesterntresen im Weg stand, um. Dabei staubte Blumenerde aus dem Topf und landete auf dem Teppich. Eine Schwester – ich glaube, sie hieß Sabine – trällerte von ihrem Tresen „Das ist doch nicht schlimm, ich mache das weg", und dass Gertrud sich hinsetzen und den Mantel ablegen soll. Die überholte Frau aus dem Fahrstuhl murmelte „wie bei Kaufland, wenn eine zweite Kasse aufmacht", setzte sich aber, ohne größeren Ärger zu machen, hin.
Gertrud erzählte derweil jedem im Wartezimmer von ihrem unmittelbar bevorstehenden Ableben, während ich mit Schwester Sabine verhandelte, dass man sie vornimmt. Die kannte das schon von Gertrud und wollte diese Aufführung auch nicht mit ansehen. Deshalb war Gertrud gleich die Nächste, die ins Behandlungszimmer durfte. Sie seufzte und blickte mich beim Reingehen an, als wäre es ein Abschied für immer.

Kaum zehn Minuten später kam sie beleidigt aus dem Sprechzimmer und rief mir im Vorbeirasen ein „Renate, komm, wir gehen!“ zu. Schwester Sabine deutete mir mit einem Schulterzucken an, dass sie auch nichts wusste. Sie war aber auch neugierig und guckte schnell im Computer nach, was die Frau Doktor eingetippt hat. Die klopfen ja heute alle in den Computer, was man erzählt. Schwester Sabine kann es sogar im Nebenzimmer sehen. Es ist verrückt, was die Computer alles fertigbringen. Es ist wie Interweb. Schwester Sabine flüsterte mir kichernd „Sie hat den Zwirnsfaden von den Kohlrouladen mitgegessen, und als sie den in der Toilette … sie dachte, sie verliert was vom Darm“ zu.
Ich schüttelte den Kopf. Das war mir immer schon klar, dass dieses Essen auf Rädern nichts taugt. Ich schwöre auf Essen aus Töpfen, vorzugsweise aus den eigenen. Ich drückte Schwester Sabine die Hand und lief Gertrud nach. Sie wartete im Flur, stampfte mit ihrem Rollator von dannen, als ich ran war, und schimpfte wie ein Rohrspatz. Eine Zeit lang beachtete sie mich gar nicht, aber als wir am Fischimbiss vorbeikamen, war ihr Appetit der Wut überlegen und sie wollte Seelachs mit Kartoffelsalat.

Lotte Kühn

50 ist das neue 30

Auf dem Wochenmarkt habe ich Hannes getroffen. Wir haben uns vor Jahren bei einer Vernissage in seiner Galerie kennengelernt und sind danach beim Italiener ins Quatschen gekommen. Ein paar Mal waren wir noch spazieren, im Kino, im Restaurant, und dann ist die Sache eingeschlafen. Schade drum, aber so ist das nun mal. Nicht jeder Keim geht auf. Heute stand er plötzlich vor mir, und wir haben uns beide über das Wiedersehen gefreut. Dass er letzte Woche vierzig geworden sei, erzählte er, und sich ziemlich gut damit fühle. Dann beschwerte er sich über seine siebzigjährige Mutter, die immer noch Siebzig für das neue Fünfzig verkaufe und dieses Thema strikt meide.

Dieses Thema? „Die Vorbereitung auf das Sterben", sagte Hannes, und mir ist es gleich eiskalt den Rücken hinuntergelaufen. „Ignoranz ist gut und schön, aber die rituelle Vermeidung des Gedankens an die eigene Endlichkeit bringt doch gar nichts. Geht es beim Älterwerden nicht auch darum, sich allmählich an die Tatsache zu gewöhnen, dass die Möglichkeiten weniger

werden und das Leben sich neigt? Darüber denke ich doch jetzt mit vierzig schon nach, auch wenn die Grenze hoffentlich noch weit entfernt liegt.“ Er seufzte.
„Aber nein! Meine Mutter ist mit dem großen Aufbäumen beschäftigt. Das kann doch noch nicht alles gewesen sein, das ist ihr neues Mantra. Vor zwei Monaten hat sie meinen Vater verlassen, um noch einmal etwas ganz Neues anzufangen.“
Ich war etwas ratlos und zog die Schultern hoch. „Ist doch schön!“
Er seufzte. „Ich bitte dich, mit siebzig!“
Wir haben uns dann schnell verabschiedet, aber vorher habe ich ihm noch für alle Fälle meine Visitenkarte zugesteckt. „Old school“, grinste er. „Ich schick dir ’ne WhatsApp. Bist du bei Facebook?“ Ja, geht’s noch? Dieser Schnösel. „Ich nutze Facebook und Instagram“, habe ich sehr langsam und deutlich gesagt. „Fünfzig zu werden macht einen noch lange nicht zum Tech-Trottel.“
Er tätschelte meinen Oberarm und lächelte. Das sollte wohl beruhigend wirken. „War nicht so gemeint. Vielleicht treffen wir uns mal wieder und widmen uns DEM THEMA. Du bist ja nicht so’n Vermeider.“

Jutta Profijt

Aber nicht am Donnerstag!

Sie atmete auf. Die Wimperntusche war ihr recht gut gelungen. Nun noch der Lippenstift. Das fiel ihr leichter, weil sie dabei ihre Brille tragen konnte. Ein zartes Rosa, das die faltigen Lippen auf dezente Art betonte. Sehr elegant, wie Constanze, die junge Dame in dem Parfümeriegeschäft mit dem Namensschildchen am dunklen Blazer, ihr bestätigt hatte. Sie war es auch, die ihr zur Wimperntusche geraten („Das lässt die Augen größer erscheinen. Gerade wenn man eine Brille trägt, ist das wichtig.“) und ein leichtes, frisches Parfüm für sie ausgesucht hatte. Passend zu ihrem Alter. Sowohl dem echten als auch dem, das sie Wolfgang genannt hatte. Die zehn Jahre Differenz spielten zumindest bei der Parfümauswahl keine Rolle.

Da ließ sie ein dumpfer Schlag direkt unter dem Badezimmerfenster zusammenzucken. Herrje, jetzt war der Lippenstift verschmiert. Links reichte er bis fast an die Nase. Karoline seufzte, griff nach einem Abschminktuch („Das ist zwar ein wenig teurer, aber viel einfacher als Reinigungsmilch und Wattepads zu benutzen.“)

und brachte die rosafarbene Katastrophe wieder in Ordnung. Beim zweiten Versuch klappte es, die Lippen waren an den Konturen nun nur ganz leicht übermalt. „Gerade bei feinen Lippen ist das ein sehr wirkungsvoller Trick. Aber nie mehr als einen Millimeter, sonst wirkt es billig", hatte die Verkäuferin erklärt, woraufhin Karoline der Ehrgeiz gepackt hatte und sie so lange übte, bis sie den Millimeter einhalten konnte. Für ihr Alter war die Hand zum Glück noch vergleichsweise ruhig.

Wieder tat es draußen einen donnernden Schlag. Dieses Mal jedoch gefolgt von anschwellendem rhythmischem Getrommel. Karoline runzelte die Stirn. Das hörte sich an wie eine Musikkapelle. So wie damals, als der Nachbar das Königsschießen gewonnen hatte und zur Krönung abgeholt worden war. Allerdings war jetzt nicht August, daher konnte die Musik nichts mit dem alljährlichen Schützenfest zu tun haben. Und Wochenende war auch nicht. Nein, heute war Donnerstag, der sechsundzwanzigste Mai. Karoline blickte in den Spiegel, aus dem sie ihre vor Schreck geweiteten Augen anstarrten. Das würde doch wohl nicht …?

Ärgerlich schüttelte sie den Kopf, verstaute dann sorgfältig ihre Schminkutensilien im Badezimmerschränkchen, räumte die Großpackung Inkontinenzbinden

davor und ging schließlich mit kleinen, energischen Schritten zurück ins Wohnzimmer.
Vorsichtig spähte sie aus dem Fenster – und tatsächlich: Unten auf dem Rasen hatte sich ein Spielmannszug aufgebaut. Die letzte Reihe der Musiker trampelte auf den Stiefmütterchen herum, die die Rosenrabatten vor dem zwei Meter hohen, schmiedeeisernen Zaun einfassten. Und der Tambourmajor – hießen diese Leute heute immer noch so? – blickte zu ihr hoch und winkte.
Schnell trat Karoline einen Schritt zurück und zog die Gardine vor. Auch so konnte sie noch die Schrift auf dem handgemalten Schild entziffern, das zwei gleich aussehende kleine Mädchen in die Höhe reckten. Gabi und Bianca, ihre eineiigen Großnichten. „Herzlichen Glückwunsch zum achtzigsten Geburtstag!“, stand auf dem Schild. Und das daneben gedruckte Foto zeigte eindeutig sie, Karoline, Jubilarin wider Willen.
Und wenn die Zwillinge da waren, dann waren sicher auch ihre Eltern … Tatsächlich, neben der Magnolie standen Fernando und Bärbel, die (um Himmels willen!) Tante Bea stützten. Ein schlechtes Zeichen. Die Anwesenheit selbst der entferntesten Verwandtschaft ließ darauf schließen, dass da etwas Gewaltiges im Gange war. Etwas, wozu sie nie ihre Einwilligung

gegeben hätte, wäre sie denn gefragt worden. Erst recht nicht, wenn es um einen Donnerstag ging. Sicher steckte da ihre mustergültige Schwiegertochter dahinter! Instinktiv legte Karoline die Hand auf den Kettenanhänger mit dem Herz aus Diamanten, den sie von Rudolf zur Goldenen Hochzeit bekommen hatte. Was für ein Ärgernis! Die Blaskapelle – und das, was damit zusammenhing – brachte ihren ganzen Plan für den heutigen Tag durcheinander.

Karoline holte tief Luft. Nun denn, dann war jetzt eben Improvisationstalent gefragt.

„Oma? … Oma!“

Auch das noch!

Bereits im Mantel trippelte Karoline mürrisch in den kleinen Flur. Seit einem Jahr sperrte sie ihre Dachgeschosswohnung von innen ab. Sehr zum Missfallen ihrer Schwiegertochter, die die Sorge um sie ins Feld geführt hatte, sie aber im Grunde nur überwachen wollte. Gerade das wollte Karoline aber unbedingt verhindern. Nach einigen heftigen Diskussionen hielt sich die Schwiegertochter inzwischen erfreulicherweise etwas zurück. Und das war auch gut so. Wenn zwei Menschen sich so wenig zu sagen hatten, ging man sich besser aus dem Weg.

„Hallo, Moritz. Was ist denn bei euch unten los?“, begrüßte sie ihren einzigen Enkel.
Der pickelige 13-Jährige mit der Kappe, deren Schirm irgendwo über dem linken Ohr hing, starrte sie jedoch nur mit großen Augen an. Es hatte ihm wohl komplett die Sprache verschlagen. Natürlich, fiel es Karoline siedend heiß ein, sie war ja schon ausgehfertig angezogen. Und geschminkt hatte Moritz seine Oma sicher auch noch nie gesehen.
Endlich fand er seine Fassung wieder. „Äh … Die Musik … Mama sagt, ich soll dich holen, damit du die Kapelle und deine Gäste begrüßen kannst.“
„Meine Gäste?“, schnaubte Karoline. Sie ärgerte sich über ihre eigene Dummheit. Sie hätte damit rechnen müssen, dass ihr Achtzigster nicht einfach so sang- und klanglos vorbeigehen würde wie ihre vorigen Geburtstage. Nicht, wenn man eine Schwiegertochter hatte, die in der Öffentlichkeit immer gut dastehen wollte.
„Mamas Überraschung …“, nuschelte Moritz. Ob seine Stimme gleichgültig oder verächtlich klang, konnte Karoline nicht sagen. Die Kinder sprachen ja heute so schnell, dass man froh sein musste, überhaupt etwas zu verstehen. Gegen dieses Problem konnte auch das neue Hörgerät nicht viel ausrichten.

Jedenfalls half jetzt nur die Flucht nach vorn, wenn der Tag, ihr Tag, so ablaufen sollte, wie sie sich das vorgestellt hatte.
„Weißt du, ob die Hintertür offen ist?“, fragte Karoline schärfer als beabsichtigt. Die lethargischen Bewegungen ihres Enkels machten sie nervös.
„Die Hintertür?“, nuschelte er irritiert.

„Ja, die Hintertür. Hörst du so schlecht, wie du sprichst?"
Moritz zuckte zusammen und schüttelte dann den Kopf. Hatte sie ihn zu scharf angeraunzt? Ach, er war in einem schwierigen Alter. Zwischen Kind und Mann, Kuscheltier und Nasenpiercing. Sie spürte, wie ihr Blutdruck stieg, und zählte langsam bis drei. Jetzt nur nicht aufregen.
„Auf welche meiner Fragen bezieht sich dein Kopfschütteln?"
„Beide", erwiderte er verstört.
„So ein …!", entfuhr es ihr, den Rest konnte sie zum Glück noch verschlucken. Bloß keine Schimpfwörter vor dem Kind!
In diesem Moment ging in dem Jungen jedoch eine Veränderung vor. Die pubertäre Verwirrung entließ ihren Enkel für einen Moment aus ihren Klauen, und auf seinem Gesicht erschien ein spitzbübisches, verschwörerisches Lächeln, ein Lächeln wie damals, als der blonde Fratz gegen den ausdrücklichen Willen seiner Mutter hoch zu Oma geschlichen war, um bei ihr Schokolade zu naschen und sich stundenlang vorlesen zu lassen.
„Jetzt kapier ich: Du willst türmen! Echt cool, Oma! Soll ich dir hinten aufschließen?"

„Unbedingt“, sagte Karoline erleichtert und wollte schon nach der Klinke greifen, um ihren Enkel hinauszulassen, doch der lehnte sich gegen die Tür, verschränkte die Arme in gespielter Lässigkeit vor der Brust und schaute sie keck an.

„Was hast du vor, Oma?“

„Das geht dich nichts an.“

„Keine Antwort, keine Hintertür“, entgegnete Moritz mit einem entschiedenen Gesichtsausdruck. Sein Lächeln war nun anders als in den letzten Monaten. Nicht unangenehm berührt von der alten Frau, die ihn in letzter Zeit oft unwirsch zurechtwies. Nein, viel erwachsener.

Sie war auf ihn angewiesen, das wussten sie beide. Der Schlüssel zur Hintertür der Villa hing im Schränkchen direkt neben dem Haupteingang im Erdgeschoss. Dort residierte Karolines Sohn Dieter mit Schwiegertochter und Enkel Moritz. Um ihn dort zu holen, musste man die große Haupttreppe hinunter, die Eingangshalle durchqueren und vor allem an der Tür zum Salon vorbei. Das würde Karoline nie schaffen, ohne von ihrer Schwiegertochter erwischt und zur Musikkapelle vors Haus geschleift zu werden. Wenn Dieters Frau sich in den Kopf gesetzt hatte, der Nachbarschaft zu demonstrieren, was für eine schöne Überraschung sie der Schwiegermama zum Achtzigsten bereitete, würde sie sich durch nichts und niemanden davon abbringen lassen.

„Ich habe eine Verabredung“, murmelte Karoline.

„Ein Date?“, fragte Moritz überrascht.

„Ein … was?“

Er überlegte kurz. „Ein … ein Rendezvous.“

Erstaunt sah sie ihn an. Bekam man so ein altmodisches Wort tatsächlich heute noch in der Schule beigebracht?

„Ja, so könnte man es nennen.“

Moritz’ Miene zeigte erst Verwirrung, dann Ekel. „In deinem Alter?“

„Ja, in meinem Alter“, erwiderte Karoline mit all der Selbstbeherrschung, die sie aufbringen konnte. Der Rotzbengel sollte bloß nicht merken, wie sehr die Frage sie kränkte.

„Und Mama darf nichts davon wissen?“

Karoline nickte würdevoll.

„Okay, Mann!“ – und weg war er.

Karoline verdrehte die Augen und sah ihm hinterher, wie er das Treppengeländer hinunterrutschte. „Okay, Mann“, war einer der Lieblingssprüche ihres Enkels, der sich selbst nicht mehr Moritz nannte, sondern Mo. Seine Freunde hatten sich ähnliche Namen verpasst, trugen alle die gleichen unförmigen Kleidungsstücke, rauschten auf ihren Skateboards den Bürgersteig entlang und fummelten ständig an den winzigen technischen Geräten herum, die sie in ihren überdimensionalen Hosentaschen oder an Bändern um den Hals trugen. Sprach man sie an, hörten sie praktisch nichts, da ihre Ohrmuscheln mit diesen winzigen Kopfhörern verstopft waren, durch die unerträglicher Lärm namens Rap ihr Hirn erweichte. Aber wenn abends im Zimmer das Licht gelöscht wurde, steckten sie sicher noch den Daumen in den Mund.

Immerhin war Moritz es gewesen, der ihr die Bedienung des Mobiltelefons erklärt hatte. Dass sie überhaupt solch ein Gerät besaß, hatte sie ihrer Schwiegertochter zu verdanken, die beleidigt war, weil Karoline sie bei ihren Arztbesuchen nicht dabeihaben wollte. „Dann nimm wenigstens ein Handy mit, Mutter“, hatte sie gesagt, „falls was passiert.“ Moritz hatte Karoline hinter dem Rücken seiner Mutter zugezwinkert und die Einstellung, mit der man das Handy von zu Hause aus orten konnte, später abgeschaltet.

Mit diesem Handy rief sie jetzt Wolfgang an.

„Ich werde mich ein paar Minuten verspäten, aber dann nehmen wir einfach die nächste Bahn, ja?“

„Soll ich Sie abholen?“

O Gott, das fehlte noch, dass Wolfgang vor ihrem Haus den Aufmarsch zu ihrem achtzigsten Geburtstag sah! Wo sie ihm doch bei ihrem ersten Treffen erklärt hatte, sie sei vor Kurzem siebzig geworden.

„Nein!“ Karoline bemerkte selbst, dass die Antwort zu scharf und zu schnell kam, und bemühte sich deshalb um einen sanften Ton. „Warten Sie ruhig im Warmen, an unserem üblichen Treffpunkt, ich bin gleich da.“

„In Ordnung, meine Liebe, dann bis gleich.“

Sie lächelte, als sie auf den roten Knopf drückte. Zum Glück besaß das Gerät große Tasten, deren Beschriftung man tatsächlich erkennen konnte.

Karoline setzte den eleganten Hut auf und prüfte noch einmal kurz den Inhalt der Handtasche. Portemonnaie, Schlüsselbund, Mobiltelefon, Taschentücher, Lippenstift, Herztabletten, Halspastillen. Keine Inkontinenzbinde. Dem Mutigen gehört die Welt, hatte Rudolf immer gesagt. Dann atmete sie einmal tief durch, öffnete einen Spalt weit die Wohnungstür und lauschte angestrengt. Wäre die Geburtstagsfeier an einem anderen Wochentag gewesen, hätte sie sich vielleicht sogar konziliant gezeigt, aber nicht heute, nicht an diesem Donnerstag.

„Psssst“, zischte Moritz kurz darauf vom untersten Treppenabsatz. „Die Luft ist rein, Oma.“

So leise wie möglich zog Karoline die Tür hinter sich ins Schloss und begann vorsichtig die Treppe hinunterzusteigen.
Seit der junge Nachfolger ihres langjährigen Hausarztes ihr in drastischen Worten erklärt hatte, dass sie in absehbarer Zeit zum Pflegefall würde, wenn sie nicht endlich etwas für sich täte, war ein Jahr vergangen. In der Praxis hatte sie sich die vorlaute Einmischung in ihr Leben verbeten, abrupt war sie aufgestanden und erhobenen Hauptes hinausgerauscht, aber in den folgenden Tagen und Nächten waren ihr seine Worte nicht mehr aus dem Kopf gegangen. Sie hatte zurückgeblickt auf die Jahre nach Rudolfs Tod, in denen sie sich für nichts mehr interessiert und mit niemandem mehr als das Nötigste gesprochen hatte – außer mit Moritz.
Ihm zuliebe hatte sie Weihnachten und Ostern und die Geburtstage des Enkels mit der Familie gefeiert, was bedeutete, dass sie sich für die Dauer einer Mahlzeit mit der Schwiegertochter arrangierte. Ihren eigenen Geburtstag, ihren Namenstag, den Hochzeitstag und Rudolfs Todestag hatte sie jedoch all die Jahre allein verbracht. Der alte Hausarzt hatte das verstanden. Und auch die Schwiegertochter hatte sich, sicher insgeheim erleichtert, ihrem Wunsch gebeugt.

Dennoch war der neue Doktor ein Glücksfall gewesen, wenn seine Impertinenz sie anfangs auch entsetzt hatte. Beim nächsten Arztbesuch hatte sie gefragt, was er damit meine: etwas für sich zu tun. Er riet ihr zunächst zu einfachen isometrischen Übungen. Zu mehr wäre sie vor einem Jahr auch noch gar nicht in der Lage gewesen. Nach sechs Wochen war sie jedoch schon etwas sicherer auf den Beinen und weitete die Gymnastik aus. Der Arzt war erfreut, verschrieb ihr zusätzlich Atemtherapie und Akupunktur und reduzierte die diversen Pillen auf sechs pro Tag. Sie selbst schränkte den Konsum von Kuchen und Schokolade ein und gönnte sich höchstens noch zwei Piccolöchen pro Woche. Innerhalb von drei Monaten nahm sie so acht Kilo ab (was die Schwiegertochter aufgrund ihrer häufigen medizinischen Termine sicher als Zeichen des fortschreitenden Verfalls deutete), gewann dank täglicher Beckenbodengymnastik die Herrschaft über ihre Blase zurück (sofern sie keinen Kaffee trank) und fühlte sich von Tag zu Tag vitaler.
Daher konnte sie jetzt auch die Stufen hinuntersteigen, ohne übermäßig zu schnaufen. Und so sehr die Eigenmächtigkeit der Schwiegertochter Karoline auch ärgerte, spürte sie bei ihrer Flucht nun eine unbändige Lebenskraft. Das Adrenalin pulsierte durch ihre Adern,

und sie gestand sich ein, dass sie es genoss.
Als Karoline jedoch am Fuß der Treppe angekommen war, hörte man plötzlich die Stimme der Schwiegertochter von draußen.
„Moritz! Was ist nun mit Oma?"
Moritz verdrehte die Augen.
„Ich komme schon allein klar", flüsterte Karoline ihm zu. „Halt sie mir nur noch ein paar Minuten vom Hals."
Moritz nickte und schlurfte Richtung Vordertür. Herrje, dass die Kinder heutzutage aber auch nicht mehr die Füße heben konnten, dachte Karoline, während sie so schnell sie konnte zur Hintertür trippelte. Ihr geliebter Rudolf hatte wirklich an alles gedacht, als er die Villa damals hatte umbauen lassen. Zwar war es Karolines Elternhaus, denn sie hatte das erhebliche Vermögen mit in die Ehe gebracht, aber Rudolf war als Kriminalbeamter derjenige gewesen, der in dem alten Kasten für Fluchtmöglichkeiten gesorgt hatte, sollte einmal ein Brand ausbrechen. Der Gedanke an Rudolf trieb ihr wie immer die Tränen in die Augen, aber heute musste sie sich besonders beherrschen. Wenn sie jetzt weinte, würde die ganze Schminke verlaufen. Zehn Jahre war Rudolf nun schon tot, fast auf den Tag genau. Und neun Jahre

hatte sie nur darauf gewartet, ihm bald folgen zu dürfen, und einzig an ihrem blonden Enkel Freude gehabt. Bis der neue Arzt ihr vor einem Jahr die Leviten gelesen hatte. Karoline lächelte.

Aus dem kleinen Salon hörte sie jetzt Stimmen, die sie nur zu gut kannte: Hanne, Sylvia, Christine, Elke und Kristina. Die Damen des Kegelklubs, dem sie bis zu Rudolfs Tod angehört hatte. Ausgetreten war sie nach dem Spruch, endlich sei auch sie verwitwet und könne tun und lassen, was sie wolle. An diese Biester hatte sie schon lange nicht mehr gedacht. Eigentlich kamen die Schatten der Vergangenheit doch erst zur Beerdigung wieder zusammen. War dieses Überraschungsfest schon der vorgezogene Leichenschmaus? Karoline lächelte erbost. Ihr werdet euch noch wundern, dachte sie, wie lange so ein altes Schlachtross durchhält.

„Mutter, wo willst du denn hin?"

Karoline zuckte zusammen, doch sie entspannte sich gleich wieder. Es war nur ihr Sohn, nicht die Schwiegertochter. Dieter würde sie entkommen können.

„Ich muss kurz frische Luft schnappen."

„Aber, Mutter, wir …"

Sie hatte sich umgedreht und blickte nun zu ihm auf. Dieter war neuerdings pensioniert, obwohl er noch nicht einmal sechzig war. Aber er konnte es sich ja leisten. Seine Familie lebte ganz anständig von dem, was Rudolf und sie ihm zur Hochzeit überschrieben hatten. Zu seiner ersten Hochzeit wohlgemerkt, damals, mit Christa. Die war mit dem elterlichen Erbe auch noch vernünftig umgegangen. Nicht so wie die Neue.

„Ja, Sohn, ich höre. Allerdings sage ich dir gleich, dass ich nicht an einer Feier teilnehmen werde, die hinter meinem Rücken arrangiert wurde."

Er betrachtete sie mit gerunzelter Stirn, völlig perplex, als erkenne er sie nicht wieder.

„Äh … du siehst so … äh … so anders aus."

An Charme hatte es ihm immer gemangelt, aber im Moment kam ihr seine ungeschickte Art im Umgang mit Menschen gerade recht.

„Danke für das Kompliment. Und nun entschuldige mich."

Das Schlurfen von Gummisohlen drang erst an ihr Ohr, als ihr Enkel direkt hinter seinem Vater auftauchte. Er hob den gereckten Daumen über Dieters Schulter, bevor dieser sich zu ihm umwandte.

„Papa, dein Typ wird verlangt. Du musst den Grill anschmeißen", erklärte Moritz und zerrte ihn am Ärmel mit sich fort.

Karoline atmete erleichtert auf.

Die Hintertür der Villa ging in den rückwärtigen Park, an dessen Ende ein kleines Gartentor auf eine verkehrsberuhigte Nebenstraße führte. Den über hundert Jahre alten Schlüssel, Zeugnis feinster Schmiedekunst, trug Karoline immer bei sich. Weder Sohn noch Schwiegertochter wussten, dass das Tor sich überhaupt noch öffnen ließ. Wozu auch? Sie fuhren mit ihren großen Autos die Einfahrt hinauf und betraten die Villa durch das Hauptportal. So hatte Karoline ihre geheime Pforte, die sie nun seit einigen Wochen wieder nutzte.
Fast zweihundert Meter Gartenweg lagen bis zum Tor vor Karoline. Sie hatte nicht einmal die Hälfte davon hinter sich gebracht, als sie auf einmal die Stimme der Schwiegertochter hörte. Instinktiv zog sie den Kopf ein und verbarg sich hinter einem Busch.
„Und hier wollen wir einen Natur-Swimmingpool anlegen mit einer Holzterrasse und vielleicht sogar einem kleinen Sandstrand zum Sonnen."
„Sehr geschmackvoll", antwortete eine männliche Stimme. „Und in diesem nicht einsehbaren Park natürlich ganz exklusiv."
„Leider müssen wir mit dem Bau noch warten, bis… Aber dann wird es umso schöner."
Karoline sah durch die blühenden Rhododendren das strahlende Weiß des schwiegertöchterlichen Kostüms

blitzen. Wer der Herr in ihrer Begleitung war, der sie jetzt am Arm wieder zurück Richtung Vorgarten führte, konnte sie nicht erkennen. Aber es interessierte sie auch nicht. Jetzt war es also ein Natur-Swimmingpool. Ungewollt hatte Karoline bereits detaillierte Kenntnis von den Umbauten, die nach ihrem Ableben in der Villa geplant waren, welche ihr Großvater erbaut und Rudolf zu ihrem Heim gemacht hatte. Zu schade, dass sie das Gesicht der Schwiegertochter nicht mehr sehen würde, wenn der Notar ihnen Karolines Testament eröffnete und sie von den Verfügungen erfuhr, die sowohl das Haus als auch ihr gesamtes restliches Vermögen betrafen.

Im Schutz der Rhododendren gelangte sie kurz darauf zu ihrer Gartenpforte, öffnete sie mit ihrem Schlüssel, schloss sorgfältig wieder hinter sich ab und wandte sich nach links. Auch die Nebenstraße führte zu dem Café, in dem sie sich immer donnerstags mit Wolfgang verabredete. Es lag direkt an der Haltestelle der Straßenbahn, die sie in sieben Minuten zum wöchentlichen Seniorentanz brachte. Voll Vorfreude lächelte Karoline. Ein erquicklicher Nachmittag lag vor ihr. Jetzt konnte nichts mehr schiefgehen.

Als sie jedoch um die letzte Ecke bog, blieb sie erschrocken stehen. An der Fußgängerampel gegenüber dem

Café stand einer der letzten „Getreuen“, wie sie die wenigen ehemaligen Kollegen von Rudolf nannte, die noch Kontakt zu ihr hielten. Henning Weichert hatte nicht mehr viel mit dem spindeldürren pickligen Jungspund gemein, den ihr Mann vor bald dreißig Jahren als Kommissarsanwärter ausgebildet hatte. Erst vor Kurzem hatte Karoline das Gerücht vernommen, dass der große, schwere Mann Polizeipräsident werden wolle. Er wäre sicher nicht die schlechteste Wahl.

Der Kommissar telefonierte. Das taten heutzutage ja alle ständig, auch wenn es oft nur darum ging, dass man nicht in drei, sondern in fünf Minuten nach Hause kam. Aber Karoline kannte sich mit der Körpersprache von Kommissaren aus, und Weicherts Haltung zeigte ihr, dass sein Telefonat beruflicher Natur war; dabei blickte er immer wieder hinüber zu dem Café, wo Wolfgang bei einer Tasse Kaffee nach ihr Ausschau hielt. Karoline war nicht umsonst mit einem der besten Kriminalbeamten verheiratet gewesen, die die Stadt je gehabt hatte. Sie sah von Wolfgang, der sie entdeckt hatte und ihr zuwinkte, zu Weichert, der sich im selben Moment umdrehte und sofort sein Gespräch beendete.

Kurz hatte er gestutzt, doch nun kam er lächelnd auf sie zu.

„Karoline!“, rief er und ergriff ihre schmale, faltige Hand. „Ich war gerade auf dem Weg zu Ihrem Empfang. Alles Gute zum Achtzigsten!“

„Danke, mein Guter. Wie geht es Lisa?“

Vor fast dreißig Jahren hatte Weichert Rudolf die Patenschaft für seine Erstgeborene angetragen. Ein hübsches Ding, das inzwischen nach Australien ausgewandert war.

„Danke, bestens. Sie ist wieder schwanger.“

Karoline nickte unverbindlich. Hatte sie nun drei oder schon vier Kinder? Sie hatte den Überblick über Lisas zahlreiche Nachkommenschaft längst verloren. Aber das war jetzt egal, sie musste Wichtigeres mit Weichert besprechen als die Anzahl seiner Enkelkinder.

„Wie ich sehe, sind Sie im Dienst.“

Weichert blickte sie etwas irritiert an. „Ihre blitzschnelle Kombinationsgabe, werte Frau Bergerhausen, erstaunt mich immer wieder. Außerdem werden Sie von Jahr zu Jahr jünger.“

„Sie sind ein Charmeur“, entgegnete Karoline, spürte aber, wie sie leicht errötete.

Natürlich machte Wolfgang ihr auch Komplimente, aber er glaubte ja, dass sie erst siebzig war und kannte sie zudem gerade mal ein paar Wochen. Wenn Weichert sagte, wie scharfsichtig sie nach wie vor noch war, hatte das ein ganz anderes Gewicht. Er kannte nicht nur ihr richtiges Alter, sondern hatte offenbar auch die Veränderung bemerkt, die sie im letzten Jahr durchgemacht hatte. Etwas, das weder ihrem Sohn noch der Schwiegertochter aufgefallen war.

„Na, machst du mit deiner Oma einen Geburtstagsausflug?“, fragte Weichert jetzt über Karolines Schulter hinweg.

Moritz grinste ihn unsicher an, als er neben Karoline trat.
„Ich wollte nur sehen, ob du gut weggekommen bist", flüsterte er ihr zu.
„Was für eine konspirative Geschichte habt ihr zwei denn da laufen?", fragte Weichert, während er Moritz väterlich auf die Schulter schlug. Der Mann hatte ein Händchen für Jungs. Kein Wunder, bei vier Söhnen, die Lisa gefolgt waren. Und Moritz himmelte ihn an, das war offensichtlich. Gut so, dachte Karoline, solange der Junge Vorbilder wie Weichert hat, wird er seinen Weg machen.
„Oma hat ein Rendezvous", platzte Moritz heraus. „Cool, was?"
Weichert wirkte einen Moment wie erstarrt, dann huschten seine Augen nervös zum Café hinüber, wo Wolfgang inzwischen aufgestanden war, um am Tresen seinen Kaffee zu bezahlen.
„Ja", kam Karoline seiner Frage zuvor. „Ich treffe mich mit dem Herrn dort drüben im Café. Sie haben seinetwegen telefoniert, nicht wahr?"
Während Moritz verunsichert zwischen den beiden Erwachsenen hin und her blickte, blinzelte Weichert irritiert. Diesen Tic hatte er also immer noch nicht ablegen können.

„Äh, ja, ich glaube, dass …“
In diesem Moment klingelte Weicherts Handy erneut.
„Entschuldigung“, sagte er und ging ein paar Schritte beiseite, bevor er das Gespräch annahm.
Karoline beobachtete interessiert, wie er immer blasser wurde.
„Danke“, stammelte er schließlich und drückte auf den roten Knopf.
„Sie haben den Mann mit Ihrem Handy fotografiert, im Präsidium angefragt, und jetzt hat man Ihnen seine Identität bestätigt“, sagte Karoline ihm auf den Kopf zu, als er wieder zu ihnen trat.
Weichert nickte wortlos und starrte verlegen auf seine Füße.
„Ist er ein Heiratsschwindler?“
Moritz riss die Augen auf.
Weichert blinzelte wieder irritiert. Doch dann breitete sich ein anerkennendes Lächeln auf seinem Gesicht aus.
„Ihr Rudolf hatte recht: Sie sind ein Teufelsweib, werte Frau Bergerhausen.“
„Ich habe mir gleich so was gedacht, als ich ihn kennenlernte“, erklärte Karoline nun ungerührt. „Aber seien Sie unbesorgt: Ein Heiratsschwindler kann mir nicht gefährlich werden. Ich hab schon vor Jahren mein

ganzes Vermögen in eine Stiftung überführt, die für meinen Lebensunterhalt und die Ausbildung meines Enkels sorgt. Ich selbst besitze praktisch nichts mehr."

„Und wieso triffst du dich dann mit ihm, wenn du weißt, dass er dich nur ausnehmen will?", fragte Moritz verständnislos.

„Du musst das noch nicht verstehen, Moritz. Weißt du, ich genieße die Aufmerksamkeit, die Komplimente und die geselligen Tanznachmittage mit diesem Herrn, der sich die größte Mühe gibt, mir zu gefallen. Nach dem Grund für all die Schmeicheleien zu fragen ist ein Luxus, den ich mir in meinem Alter nicht mehr erlauben kann."

Peinlich berührt starrte Moritz seine Oma an. Weichert blickte wieder auf seine Schuhe.

„Tun Sie mir einen Gefallen, Herr Weichert?", fragte Karoline nun.

Der Kommissar hob verlegen den Kopf. „Jeden."

„Meinetwegen behalten Sie Wolfgang im Auge. Ich bitte Sie nur um eins: Unternehmen Sie nichts gegen ihn, bis ich Ihnen grünes Licht gebe."

Weichert zögerte, dann nickte er, beugte sich zu Karoline und nahm sie sacht in den Arm.

„Ich wünsche Ihnen einen schönen achtzigsten Geburtstag, liebe Lili – ich darf Sie doch so nennen?"

Karoline nickte, während sie mit den Tränen kämpfte, als sie den Kosenamen hörte, den Rudolf ihr gegeben hatte. Wenn Weichert diesen Namen kannte, war seine Beziehung zu ihrem Mann offenbar noch enger gewesen, als sie je geahnt hatte.

„Und nun komm, Junge. Lass uns deiner Mutter gegenübertreten und Unwissenheit auf der ganzen Linie heucheln“, sagte Weichert und boxte Moritz gegen die schmächtige Brust.

„Viel Spaß, Oma.“ Moritz gab ihr einen schnellen Kuss auf die Wange.

„Danke für deine Hilfe, Mo.“

Die Ampel sprang auf Grün, und Karoline überquerte die Straße, während Wolfgang aus dem Café trat. Ein schöner Mann. Und ein guter Tänzer, der sich nicht daran störte, dass ihre Schritte klein und unbeholfen waren.

Alles Gute zum achtzigsten Geburtstag, Lili, sagte Karoline zu sich selbst.

Dann hob sie den Arm und winkte Wolfgang fröhlich zu.

Amelie Fried

Spießig sein – aber mit Stil!

Gab es nicht in unserer Jugend ein paar Todsünden, die wir nie, aber auch gar nie begehen wollten? Die als Symbol für jenes spießige Erwachsenenleben unserer Eltern standen, das wir auf keinen Fall leben wollten?

Geranien auf dem Balkon pflanzen. Samstagabends mit den Nachbarn grillen. Eine deutsche Automarke fahren. In Weiß heiraten. Überhaupt heiraten. Ferien am Wolfgangsee. Nach Verona zur Freilichtaufführung von „Aida“. Eine Lebensversicherung oder einen Bausparvertrag abschließen. Ein Album mit Familienfotos anlegen. Altersgemäße Kleidung tragen. Kindern verbieten, laute Musik zu machen oder zu hören.

Stattdessen wollten wir Marihuana anpflanzen, die Nächte von Samstag auf Sonntag durchtanzen, französische Autos fahren, die ganze Welt bereisen, Aufführungen von Peter Brook und Ariane Mnouchkine sehen, bloß nicht heiraten, unser Geld verprassen statt es anzulegen, uns nach Möglichkeit vor Familienfesten drücken, uns um altersgemäße Kleidung einen Dreck

scheren, unseren Kindern ein Schlagzeug und eine Verstärkeranlage für die Gitarre schenken.
Wollen wir doch mal ehrlich sein und unsere Todsünden mit unseren guten Vorsätzen vergleichen. Was dabei rauskommt, ist unser persönlicher „Spießigkeitsfaktor“.
Bei mir zum Beispiel sieht der Spießer-Test so aus:

1) Geranien am Balkon: Fehlanzeige – aber nicht, weil sie mir nicht gefielen, sondern weil ich zu faul bin, welche zu pflanzen. Halber Punkt.
2) Grillen mit den Nachbarn: Aber gern, warum nicht? Ein Punkt.
3) Automarke: Unsere ländliche Wohnlage erfordert zwei Autos; eines ist deutsch, eines italienisch. Halber Punkt.
4) Heiraten: Ja, aber nicht in Weiß. Halber Punkt.
5) Reisen: Letztes Jahr Ferien in Österreich, aber nicht am Wolfgangsee. Halber Punkt.
6) Aida: Noch nicht. Dafür aber auch kaum ein anderes Kulturereignis von Rang, sieht man von einem Konzert der Rolling Stones im letzten Jahr ab. Halber Punkt.
7) und 8) Lebensversicherung, Bausparvertrag: zwei Punkte.

9) Familienalbum: Angefangen, aufgegeben. Halber Punkt.
10) Kleidung: Konsequent nicht altersgemäß. Kein Punkt.
11) Laute Musik: Kinder besitzen Schlagzeug und Verstärkeranlage. Kein Punkt.

Ergebnis: Von elf zu erreichenden Spießerpunkten habe ich sechs erreicht. Das heißt, ich bin bereits zu 55 Prozent die bürgerliche Langweilerin, die ich niemals werden wollte.
„Wir sind alle Helmut Kohl", bemerkte unlängst lakonisch ein Freund, der sich als junger Mensch viel auf seine unkonventionelle Lebensführung zugutegehalten hat. Tagsüber schlief er, nachts arbeitete er, dabei entstanden brillante Artikel und Bücher übers Kino. Heute macht er mit seiner Familie Sommerferien an einem bayerischen See, und sein wildester Exzess besteht aus drei Weißbier im Biergarten. Und das Schlimmste, sagt er, sei, dass es ihm gefällt. Dass er nicht mal ein schlechtes Gewissen hat oder das Gefühl, etwas zu verpassen.
Sind wir also längst alle zu den angepassten Normalos geworden, zu denen unsere Eltern uns erziehen wollten? Wann ist das bloß passiert, dass wir die Freiheit

der Bequemlichkeit geopfert haben? Bei der ersten Gehaltszahlung, beim ersten Kind? Unmerklich hat die Aufmüpfigkeit nachgelassen und einer gewissen Erschöpfung Platz gemacht, jener Erschöpfung, die alle jungen Erwachsenen befällt, wenn sie zwischen Existenzkampf und Familiengründung ihren Platz in der Welt suchen. Und wenn sie ihn gefunden haben, wollen sie sich belohnen für die Anstrengung. Mit Ferien am Wolfgangsee. Einer Fahrt zu „Aida“. Einem schicken Anzug oder einem teuren Kleid, das sich nur Leute ab einem gewissen Alter leisten können.
Aber vielleicht genügt es ja, wenn wir uns unserer Spießigkeit bewusst sind und sie mit Würde zelebrieren. Das hat dann schon wieder Stil!

Mascha Kaléko

Mit zunehmendem Alter

Mit zunehmendem Alter und abnehmendem Verstande
Lösen sich oft die festesten Bande,
Lockert sich manches strenge Tabu,
Wird mancher „Engel“ zum schnaubenden Rächer,
Werden die Schwächen stärker und die Stärken schwächer,
Und das Lieblingswort lautet: „Wozu“?

Krystyna Żywulska

Der Porzellanhund

Sie: Klaus, mein Gott, ist das eine Überraschung, dir so plötzlich auf der Straße zu begegnen! Nach so vielen Jahren! Man sagte mir, du lebtest jetzt in Düsseldorf, doch ich konnte es kaum glauben.
Er: Guten Morgen! ... doch leider ... ich weiß nicht, mit wem ich ...?
Sie: Erkennst du mich denn nicht mehr?
Er: Jaaa ... nnnicht genau, das heißt eigentlich schon etwas ...
Sie: Schade. Doch ich möchte dich nicht lange quälen. Vor 25 Jahren in Berlin, da kamst du öfters zu uns.
Er: In Berlin?
Sie: Kurfürstendamm 15.
Er: Moment! – – – Ja, selbstverständlich. ... Es war ein gelbes Haus mit Säulen und einer Messingklinke am Tor.
Sie: Na, siehst du, sogar an die Klinke erinnerst du dich!
Er: Ja, sie war irgendwie außergewöhnlich.
Sie: Und ich bin wahrscheinlich ganz gewöhnlich.

Macht nichts, versuchen wir, uns weiter zu erinnern. Wir gingen einmal ins Kino und sahen den Film mit der Hepburn, „Ariane“.
Er: Ja, richtig, da war doch diese rührende Szene, wie der Gary Cooper sie zum erstenmal küßt.

Sie: Na also, diese Szene dauerte zehn Sekunden. Mit mir hast du viele Stunden verbracht und viele rührende Szenen erlebt.
Er: Ich bedauere sehr, – – – doch die Kunst wirkt eben ganz anders …
Sie: Du hast mich stundenlang geküßt!
Er: Verzeihen Sie bitte, … das heißt, verzeih mir, doch 25 Jahre sind eine sehr lange Zeit …
Sie: Du sagtest mir damals, daß du niemanden so liebst wie mich!
Er: Das stimmte – auch bestimmt – damals …
Sie: Mit meinem Vater spieltest du fast täglich Schach …
Er: Ja, ich weiß … Er war ein großer schlanker Mann mit Bart und Brille. Wir saßen an einem runden Tisch, und daneben stand ein Hund aus Porzellan …
Sie: Na endlich! Sogar der Porzellanhund ist dir im Gedächtnis geblieben!
Er: Der Hund schon …
Sie: *(hart)* Ich heiße Ilse Stolz. Hoffentlich erinnerst du dich jetzt!
Er: Aber natürlich, Ilse! Selbstverständlich! Du hast dich doch überhaupt nicht verändert!

Virginia Ironside

Nein! Ich will keinen Seniorenteller!

15. Januar
MEIN GEBURTSTAG!
Eine Flut von Glückwunschkarten ergießt sich durch meinen Briefkastenschlitz. Pennys Karte singt „Happy Birthday to You", auf Hughies und James' steht „Happy Birthday! Du siehst keinen Tag älter aus!", und innen: „Alkohol ist ein erstaunlich gutes Konservierungsmittel!" Von Marion: „Kopf hoch! Sechzig ist nicht das Ende der Welt!", und innen: „Wenn du ein Hund wärst, wärst du jetzt 420!"
Michelle hat mir eine Riesenschachtel weißer Pralinen geschenkt, die ich leider nicht essen kann, da dies das Einzige ist, wovon ich Kopfschmerzen kriege. Und Maciej hat mir ein Katzenfigürchen geschenkt mit zwei riesigen roten Steinen als Glotzaugen. Ich habe noch nie etwas so Scheußliches gesehen. Aber da er mein Putzmann ist, bin ich leider gezwungen, dieses unglückliche Gebilde irgendwo hinzustellen, wo man es sieht. Ich weiß, ich bin eine undankbare Trine. Aber gerührt war ich trotzdem.

Natürlich hat den ganzen Tag das Telefon geklingelt.
„Und, fühlst du dich irgendwie anders?“, fragte Lucy besorgt, als sie anrief.
„O ja, allerdings“, sagte ich, „ich fühle mich absolut fantastisch. Kein Zweifel, ich wurde geboren, um sechzig zu werden. Ganz ehrlich: Ich kann's kaum abwarten, siebzig zu werden.“
Meine Mutter hat mit siebzehn in ihr Tagebuch geschrieben: „Ich habe einen absoluten Horror vor dem Altwerden; bei jeder alten Frau, die mir über den Weg läuft, muss ich denken: So werde ich auch bald sein. Ich mag es nicht, wenn die anderen sagen: ‚Was mischen sich die Alten überhaupt ein? Was haben die mitzureden?‘ Oder: ‚Ich hasse alte Leute!‘ Und ich hasse es, wenn jemand sagt: ‚Mann, die ist ja uralt‘, zu jemandem, der erst Mitte dreißig ist. Ich will nicht, dass man das zu mir sagt, wenn ich Mitte dreißig bin. Es ist furchtbar, alt zu werden. Warum müssen wir überhaupt altern, warum können wir nicht für immer jung bleiben? Ich hasse es, wie die Zeit verrinnt, Tag für Tag, und man kann nichts dagegen tun.“
Ich bin ganz anderer Meinung. Während andere Leute sich ihre restlichen paar Haare raufen und stöhnen: „Meine Güte! Wie kann es sein, dass wir alle so *alt* sind?“, lache ich mir ins Fäustchen und denke: Jetzt

kann ich endlich stolz den Kopf hochhalten! Anstatt wie ein armer Wurm zu seufzen „Ich bin alt und wertlos", kann ich aus vollem Halse à la James Brown brüllen: „Say it loud! I'm old and I'm proud!" (Dumm! Dumm! Dumm!)

Ich weiß noch, als ich Jack geboren hatte, haben die Leute ständig zu mir gesagt, wie „stolz" ich auf mich sein könnte. Ich habe das nie verstanden. Worauf sollte ich stolz sein? Aber ich bin sehr wohl stolz darauf, sechzig zu sein. Ich habe das Gefühl, allein dort angekommen zu sein ist schon eine Riesenleistung. Zuletzt hatte ich so einen Anflug von Stolz, als es mir gelungen war, eine Azalee zwei Jahre hintereinander zum Blühen zu bringen.

Aber niemand scheint zu verstehen, warum ich so gern sechzig werde. Nicht einmal Penny. Sie will mich als Geburtstagsgeschenk zum Essen in ein Restaurant einladen und ist kurz vorbeigekommen, um alles zu besprechen. Ich hatte ihr einen Kaffee angeboten, und nun saßen wir zusammen im Wohnzimmer, ich strahlend in meinem indischen Morgenmantel.

„Jetzt kannst du endlich all das tun, was du schon immer tun wolltest", sagte sie. „Italienisch lernen, zum Beispiel."

„Italienisch?", rief ich und schwappte in meiner Erregung Kaffee über meinen Morgenmantel. „Wieso glaubt eigentlich *jeder*, dass ich Italienisch lernen will? Ich fahre doch höchstens alle drei Jahre für eine Woche nach Italien. *No comprendo Italiano! No quiero comprendare Italiano!* Nein, das Tolle ist doch, dass ich jetzt *nicht* mehr Italienisch lernen muss! Dass es mir schnurz sein kann!"

„Na ja, dann vielleicht ein paar andere Volkshochschulkurse", schlug sie kleinlaut vor.

„Nein! Nein, nein und nochmals nein! Und ich schreibe mich auch für kein Seniorenstudium ein! Marion hat das getan und redet jetzt andauernd von irgendwelchen „Modulen". Blöde Module! Ich will nichts mehr lernen! Ich bin ab jetzt ein geistiges Brachfeld! Ein Winteracker! Das Lernen überlasse ich den jungen Leuten. Ich war schon jung. Das habe ich hinter mir."

„Schon gut, schon gut", beschwichtigte mich Penny. „Also keine Module. Und kein Italienisch. Tritt doch stattdessen einem Lesezirkel bei."

Einem Lesezirkel? Ganz bestimmt nicht! Diese Leute müssen sich ständig durch Bücher wie *Corellis Mandoline* kämpfen oder *Der Gott der kleinen Dinge* oder, stöhn, *Der Buchhändler aus Kabul*. Ich glaube, sie denken, wenn sie Bücher lesen und analysieren, halten sie sich geistig fit. Aber entweder man ist geistig fit, oder man ist es nicht. Sich über Bücher zu unterhalten feuert die Gehirnzellen auch nicht an, wenn sie bereits am Absterben sind. Es ist so: Ich will in keinen Lesezirkel eintreten, um mich jung und geistig fit zu halten. Ich *will* nicht mehr jung und geistig fit sein.

Das ist heutzutage fast ein Zwang: Wenn man alt ist, muss man „aktiv bleiben“, sich „geistig fit halten“, Sport treiben, den Körper „in Schwung halten“, allzeit am Leben interessiert bleiben. Man muss permanent mit einem spitzen Stock in seinem Hirn herumstochern, um es in Bewegung zu halten. Ich frage Sie: Warum? Ich *war* interessiert, ich *war* neugierig. Jetzt will ich meine Ruhe haben, mich entspannen. Ich will mir den Luxus leisten, *nicht* länger interessiert zu sein. Ich glaube nicht, dass Senioren, die mit achtzig durch die Mongolei radeln oder mit neunzig einen Paraglidingkurs absolvieren, besonders gute Vorbilder sind. Ich denke, es sind traurige Gestalten, die das Altwerden nicht akzeptieren können. Das sind dieselben Leute, die sich vehement gegen das Haarefärben aussprechen, durch ihr Verhalten aber zeigen, dass sie ständig einer verlorenen Jugend nachjagen. Ich will jetzt Sachen für alte Leute machen, nicht für junge.

Wie zum Beispiel meine Besitztümer allmählich wegzugeben, statt immer neue anzuhäufen. Die Dinge aus der Distanz betrachten, statt alles persönlich zu nehmen. Nicht mehr wegen jedem bisschen gekränkt zu sein und in Selbsthass zu ertrinken, tagein, tagaus. Ich will mir klarmachen, dass auch diese Zivilisation, wie alle anderen, eines Tages untergehen wird. Ich will einmal einen Tag lang gar nichts tun, anstatt meine Zeit ständig mit irgendwelchen sinnvollen Aktivitäten zu füllen, nur damit ich kein schlechtes Gewissen haben muss. Ich will erkennen, dass es nicht meine Schuld ist, wenn ich einen Gedanken oder ein bestimmtes Konzept nicht verstehe, sondern die Schuld dessen, der es mir nicht richtig erklärt. Ich möchte die Dinge aus einer historischen Perspektive sehen und begreifen, dass man im Grunde das erntet, was man sät. Ich möchte nett zu den Menschen sein, statt mich ständig vor ihnen zu fürchten.

Die Mongolei mit dem Fahrrad zu durchqueren ist etwas für Leute unter vierzig. „Tekkin' it eezee" ist für Leute über sechzig. So sehe ich das jedenfalls. Ich bin so froh, diese schreckliche protestantische Arbeitsethik los zu sein, die mein ganzes Leben so schwer auf meinen Schultern lastete. Ich fühle mich leicht, heiter und ruhig wie ein prallreifes Kornfeld, von der Sonne geküsst, vom Wind gestreichelt. Schönes Bild. Vielleicht ein bisschen zu sehr auf der erotischen Schiene.

Wollte das ja aufgeben. Reiß dich am Riemen, Marie! Natürlich bin ich noch zu jung, um mich von einem Treppenlift transportieren zu lassen, Inkontinenzwindeln zu tragen, Kreuzfahrten zu unternehmen oder die Badewanne zwecks leichteren Zugangs absenken zu lassen. Genauso wenig will ich meine Tage mit dem Familienstammbaum in der Hand über Kirchenregister gebeugt zubringen und herausfinden, dass einer meiner Urahnen ein Holzfäller im Forest of Dean war. Das würde mich zu Tode langweilen. Die Ahnenforschung, meine ich. Der Holzfäller hatte es wahrscheinlich spannend genug mit all den Wölfen, Luchsen und grausamen Lehnsherren. Dafür ohne Strom und Fernseher.
Aber was den Lesezirkel betrifft: nein danke!

Nick, der Klempner, kam vorbei, um ein winziges Gasleck in einem meiner Rohre abzudichten. Er ist ein riesiger schwarzer Kerl, mindestens fünf Meter groß.
„Sie seh'n mächtig gut aus“, sagte er.
„Mir geht's auch gut“, antwortete ich und reichte ihm ein Glas Orangensaft. „Heute ist mein sechzigster Geburtstag!“
„Wäre ich nie drauf gekommen!“
Ich wusste nicht so recht, was ich davon halten sollte.

Eigentlich *möchte* ich ja wie sechzig aussehen. Aber als ich ihn dann fragte, was ich ihm schuldig sei, sagte er: „Nichts! Weil Sie doch heute Geburtstag haben."
Lucy hat mir eine „So, jetzt bist du sechzig"-Liste gegeben, mit allen möglichen Tipps. Habe mich den ganzen Vormittag lang damit beschäftigt. Ich habe ab jetzt das Recht auf eine ganze Reihe von Vergünstigungen: freie Verkehrsmittelbenutzung (Buspass), aber auch Ermäßigungen in Schwimmbädern und Sportcentern. Nun, obwohl die meisten meiner Bekannten ins Fitnessstudio gehen, um dort drei Vormittage die Woche wie ältliche Hamster im Laufrad zu strampeln, bis sie ganz rot im Gesicht sind, und dabei Tonbändern lauschen, die ihnen vorgaukeln, in acht Lektionen Italienisch lernen zu können – mich werden keine zehn Pferde in ein Fitnessstudio bringen, egal, wie billig es jetzt für mich sein mag. Dieser Geruch! Der Lärm! Und was für peinliche Sachen man da anziehen muss! Meiner bescheidenen Ansicht nach ist es schlicht unmöglich, in Lycrashorts gut auszusehen.
Viel interessanter fand ich die Information auf Lucys Liste, dass ich ab jetzt nichts mehr für meine verschreibungspflichtigen Medikamente bezahlen muss! Ist doch großartig! Komme mir vor wie ein moppeliges Kind in einer Konditorei. Vielleicht könnte ich ja eine

Art Dauerauftrag einrichten, sodass mir mein Diazepam, Migril und all die anderen Leckereien, die ich meinem Hausarzt all die Jahre abgeluchst habe, nie mehr ausgehen. Wenn es ums Einschlafen geht, ist ein Glas warme Milch bei mir vergebliche Liebesmüh. Pflanzenextrakte, natürliche Essenzen, Baldrian, alles, was man rezeptfrei in der Drogerie kriegt: völlig unbrauchbar. Was ich brauche, sind die guten, altbewährten Pharmaprodukte. Die mit den seitenlangen Beipackzetteln voller Warnungen vor grässlichen Nebenwirkungen. Alle von Menschen in weißen Kitteln künstlich in Laboratorien hergestellt, wie es sich gehört.

Laut Lucy habe ich von nun an auch Anrecht auf einen jährlichen Heizkostenzuschuss von zweihundert Pfund. Aber meine ganz persönliche Wärmeversorgung wird auch weiterhin aus der Flasche kommen und nicht aus der Steckdose. Und schließlich wird wahrscheinlich auch meine Hausratversicherung günstiger, weil alte Leute angeblich zuverlässiger sind als junge. Komisch. Alte Leute vergessen doch sicher ständig, das Gas abzudrehen, oder?

Es ist schon eigenartig. Wenn die Regierung schlau wäre, müsste sie doch die Arzneimittelkosten für alte Leute verdoppeln, sie aus sämtlichen Fitnessstudios verbannen, ihre Heizrechnungen verdreifachen, ihre Steuern erhöhen und überhaupt alles tun, um ihnen das Leben so schwer wie möglich zu machen, damit sie schneller abtreten. Der Staat würde sich *Milliarden* sparen. Aber nein, man scheint fest entschlossen, unser Leben bis zum Sankt-Nimmerleins-Tag zu verlängern. Ich kann das ja verstehen, wenn es um Tiere und Tierärzte geht: Veterinäre verdienen sich eine goldene Nase damit, unsere lieben Haustiere so lange wie nur irgend möglich am Leben zu erhalten. Aber was hat der Staat davon, uns so lange wie möglich am Leben zu erhalten? Rein gar nichts.

Lucy hat liebenswürdigerweise jede Menge Telefonnummern, Internetadressen und Info-Nummern angefügt, und natürlich habe ich mich gleich an die Arbeit gemacht und bei der Senioren-Helpline angerufen. Zuerst kam eine blecherne Automatenstimme, die mir all meine Optionen vorbetete und nicht vergaß, mich daran zu erinnern, dass ich besondere Hilfe erhielte, falls ich schwerhörig sei. Und falls mir all das zu kompliziert sei, könne ich doch einen Freund um Hilfe bitten.

Mein Anruf wurde schließlich von einem netten alten Knaben namens Ernest entgegengenommen. Ein Name, den man heutzutage nicht mehr oft hört. Er sprach die ganze Zeit extrem langsam und deutlich und hatte beständig ein Lächeln in der Stimme. Am Schluss sagte er freundlich, aber mit deutlich erhobener Stimme: „Wiederhören, meine Liebe. Und passen Sie gut auf sich auf!“

Jetzt, wo ich „ermäßigt“ bin, komme ich in die meisten Kinos, Kunstgalerien, Ausstellungen und Theater, nun, ermäßigt rein. Wie ich hörte, soll es den Oldies im Ausland sogar noch besser ergehen. Die haben sogar überall kostenlosen Eintritt. Ihre Falten gelten sozusagen als Personalausweis. Und das Tollste an der Sache: Falls man mir die sechzig rüderweise nicht abkaufen will, dann ist das keine Beleidigung, sondern ein Kompliment!

Morgen werde ich meinen Freedom Pass beantragen. Dann kann ich sämtliche Verkehrsmittel in London umsonst benutzen – egal, ob ich schnell in den Bus hüpfe und bis zur nächsten Haltestelle fahre oder von einem Ende der Stadt zum anderen. In der U-Bahn wedle ich einfach mit meinem Ausweis vor irgendeinem Infrarotlicht und flattere durch die Absperrung. Nie wieder peinliches Fummeln nach Kleingeld und verständnisloses Starren auf irgendwelche „Info-Screens“, um herauszufinden, in welcher Zone man sich denn nun befindet und wie viele man durchfahren

muss, um dorthin zu gelangen, wo man hin will. Ich bin jetzt in der freien Zone, in der Oldie-Zone, und da gehöre ich hin.
Außerdem bin ich jetzt auf einmal pensionsberechtigt – ganze vierundsiebzig Pfund pro Woche, die ich zwar versteuern muss, aber trotzdem: Ich stehe damit viel besser da als zuvor. Und ab September wird mir der Staat nun netterweise, wie schon erwähnt, für den Winter zweihundert Pfund Heizkostenzuschuss auf mein Konto überweisen. Spitze, nicht?
Danach amüsierte ich mich eine ganze Zeit lang damit, alle möglichen Abos und Abbuchungsaufträge zu kündigen, neue Passbilder für meinen Buspass zu besorgen – all die angenehmen Rituale eben, die man absolvieren muss, wenn man die Schwelle von einem Altersabschnitt zum nächsten überschreitet.

Petra Lisker

Golf bitte erst später

Wenn ich einmal alt bin – geb's Gott in München –, dann möchte ich einige Dinge tun, zu denen ich bisher nicht kam oder die ich noch nicht passend für meine Jahre empfinde. Im Park auf der Bank sitzen und häkeln beispielsweise oder Bridge spielen mit anderen älteren reizenden Damen (ich hoffe doch sehr, dass ich eine reizende Dame werde), und auch die Teilnahme an spektakulären Prozessen im Justizpalast stelle ich mir erstrebenswert vor sowie alle Ausstellungen hierorts besuchen zu können. Wie man sich das halt so vorstellt, das Senioren-Dasein, wenn man noch jung ist. Die Liste von Spät-Wünschen verlängert sich ständig, und auch das Golfspielen steht favorisiert obenan. Aber – oho! – da liege ich falsch und bin doch schon recht verkalkt, denn Golf, so wurde ich belehrt, ist die Freizeitbeschäftigung 1989 schlechthin, ganz egal, wie alt man zu diesem Zeitpunkt ist. Golf ist „in", da es unter anderem dazu beiträgt, überhaupt alt zu werden! Weil es so gesund ist, weil man kilometerweit wandert… Auf meinen schüchternen Einwand, dass man das ja auch ohne jedwede Utensilien tun könne und gar in den Bergen, wurde mir verklärt der unwiderstehliche Zwang und die Spannung dieses Spiels auf moos-

weichem Boden geschildert. Gleich sprach ich begeistert vom Schwammerlsuchen, das mir auch immer diesen unwiderstehlichen Zwang und die Spannung brächte, auch auf moosweichem Boden, aber obendrein noch eine Mahlzeit. Nein, mit Pilzesuchen könne man Golfspielen nicht vergleichen, keuchte mein Gegenüber. Nun denn, ich solle halt mal mitkommen. Im Minigolf sei ich auch ganz gut, bemerkte ich eilfertig. Daraufhin wurde wochenlang in Golferkreisen nicht mehr mit mir gesprochen, geschweige denn nahm man mich mit nach Straßlach, Feldafing, Iffeldorf, Beuerberg oder Acapulco.

Aber es gibt ja Golf-Übungsplätze in München. Also schaute ich mir da die Sache einmal an. Nett, muss ich sagen, wirklich nett! Ich meine, mir sind pludrige groß karierte Hosen zuwider, und sicher ist es auch nicht im Sinne des Erfinders, dass man pfundweise Wiese in die Gegend haut. Aber wenn man den Sport nach Jahren per Trainer einmal erlernt hat, ist das sicher eine schwungvolle, spannende und gesunde Angelegenheit. Und dass man keine Mahlzeit mit nach Hause bringt – na ja, Abstriche muss man immer machen. Das Schwammerlsuchen bliebe ja zusätzlich, das heißt, wenn ich dazu noch käme. Denn Golf ist zeitraubend – bei meinem Handicap!

Also auf in den nächsten Klub? O nein! Die sollen nämlich so exklusiv sein, von Aufnahme und Beitrag her, exklusiver geht's gar nicht. Und das passt ganz gewiss besser zu mir, wenn ich einmal reizend, reich und vor allem älter bin …

Quellen

Renate Bergmann, *Auszug aus:* Wer erbt, muss auch gießen. Die Online-Omi teilt auf.

Ilse Gräfin von Bredow, ... und kein bisschen weise. Aus: Ilse Gräfin von Bredow, Nach mir die Sintflut.

Noëlle Châtelet, *Auszug aus:* Die Dame in Blau.

Barbara Dribbusch, Konzeptfeten: Die Wiederkehr des Kindergeburtstages. Aus: Barbara Dribbusch, Können Falten Freunde sein? Neues aus der Lebensmitte.

Gitta Edelmann, Wechseljahre.

Amelie Fried, Sehnsucht nach dem wilden Leben. Aus: Amelie Fried, Wildes Leben. Späte Einsichten und verblüffende Aussichten.

Amelie Fried, Spießig sein – aber mit Stil! Aus: Amelie Fried, Offene Geheimnisse und andere Enthüllungen.

Wir danken den Autoren und Verlagen für die freundliche Abdruckgenehmigung. Sollte es dem Verlag trotz intensiver Bemühungen nicht gelungen sein, die Inhaber der Textrechte zu ermitteln, bleiben berechtigte Honoraransprüche erhalten.